Blackout – Medizin mit den sieben Sinnen

Roman

@Doctora

Blackout – Medizin mit den sieben Sinnen

Roman

lehmanns media

Impressum

Bibliografische Information der Deutschen Nationalbibliothek
Die Deutsche Nationalbibliothek verzeichnet diese Publikation in der Deutschen Nationalbibliografie; detaillierte bibliografische Angaben sind im Internet unter `http://www.dnb.de` abrufbar.

Korrigierter Nachdruck 2023

Helmholtzstr. 2-9
10587 Berlin
Umschlag: Jasmin Plawicki, Berlin
Satz & Layout: LaTeX(Libertinus) Volker Thurner, Berlin
Druck und Bindung: Totem • Inowrocław • Polen

ISBN 978-3-96543-357-1 www.lehmanns.de

In der Medizin stellt uns das Leben plötzlich vor Herausforderungen, bei denen es immer wieder um Leben oder Tod geht. Diese menschlich und sprachlich empathisch sicher zu beherrschen und dann möglichst nicht zu schaden, ist eine hohe ärztliche Kunst.

Wie dies außerhalb unserer Komfortzone gelingen kann, beschreibt @Doctora in einem fesselnden Ambiente, das gleich nebenan, in Bochum oder einer anderen Großstadt, genau so ablaufen könnte.

Ein fiktiver und zugleich realistischer Roman – mit vielen praktischen Tipps für ein Überleben in unserer sonst so hochtechnisierten Welt.

Ein Buch mit Humor, das beim Lesen die eigene Welt mit inneren Bildern füllt – und mit einem Augenzwinkern zum Nachdenken anregt.

Inhalt

Prolog

Strom weg – kein EKG, kein Sono, kein Labor... Watt nu?

Die Krise war angekündigt und wir sind eigentlich davon ausgegangen, darauf bereits gut vorbereitet zu sein – oder hoffen, dass sie nie wirklich so eintreten würde.

Wir dachten, alles immer gut im Griff zu haben – zumindest in den wichtigen, den zum Überleben wichtigsten Punkten.

Doch die schönsten Wünsche sind nichts gegen das pralle echte Leben.

Erster Tag mit ohne

Donnerstag – Blackout plötzlich dunkel

An einem frühen Donnerstagnachmittag, mitten im Winter, wird es von jetzt auf gleich plötzlich dunkel in der Praxis.

Alle erstarren in der Position, in der sie sich gerade befinden. Im ersten Augenblick breitet sich eine fast gespenstische Stille aus.

Die Computer flackern nicht mehr und zeigen überall einen „Blackscreen". Die Dunkelheit hat das hohe Piepsen vom Ultraschallgerät verschluckt.

Geistesgegenwärtig gleitet, auch ohne optische Kontrolle, die Ultraschallsonde ganz automatisch in ihre Halterung zurück. Ich greife in meine Kitteltasche und klappe die Hülle des Smartphones auf.

Ein schwacher Schein fällt auf mein Gesicht. Mit sanfter, fester Stimme quellen fast von alleine die ersten, beruhigenden Worte aus meinem Mund: „Da ist bestimmt nur eine Sicherung rausgeflogen. Bitte bewahren Sie Ruhe und bleiben sie hier liegen, Frau Kleinschmidt. Ich kümmere mich kurz darum."

Ich öffne die Tür zum Praxisflur, aber auch dort ist zunächst nichts als Stille. Nur von hinten, aus dem Raum mit dem Belastungs-EKG, hört man das auslaufende Brummen des Liegefahrrades, bevor auch das verstummt.

Mit vorsichtigen Schritten taste ich mich zum Sicherungskasten vor. Die Metalltür schwingt mit einem leichten Ächzen zur Seite. Im Schein des Handydisplays werfen die Sicherungsschalter dunkle Schatten.

Die Hebel der Sicherungsautomaten zeigen alle nach oben. Jedoch scheint die Anzeige auf dem Stromzähler erloschen zu sein – ah nein, es flackert für einen Bruchteil einer Sekunde kurz das Wort „**NOTFALL ABSCHALTUNG**" auf.

Ich drehe mich um und hinter mir steht meine Assistentin Marion, die gute Seele unserer Praxis, die bereits ganz selbstverständlich ihre Handytaschenlampe erfolgreich aktiviert hat.

„Und? Wer war's? Der Kühlschrank oder die alte Spülmaschine?"

„Weder noch“, murmele ich vor mich hin und blicke besorgt in Richtung der Eingangstür.

Die Lichter auf dem Parkplatz sind ebenfalls alle erloschen. Nur im gegenüberliegenden Eingangsbereich des Krankenhauses glimmt die Notausgangsbeleuchtung noch grünlich vor sich hin.

Ich wende mich um, bemühe mich um innere Ruhe und Gelassenheit und raune ihr zu: „Marion, wir haben das im Griff, oder?“ Ihr wie immer zustimmendes Nicken kann ich nur erahnen. Wieso ist bei uns in der Praxis die Notfallbeleuchtung nicht angegangen, schießt es mir durch den Kopf, wir sollten doch eigentlich an der Hauptversorgung der Klinik angeschlossen sein.

Ich bleibe stehen und bemühe mich um eine aufrechte Haltung mit aktivierter Körperspannung, um mit einer klaren und festen Stimme für Beruhigung zu sorgen.

„Meine lieben Patienten, liebes Team, wir scheinen einen etwas größeren Stromausfall zu haben. Wir kümmern uns jetzt zuerst um eine Notbeleuchtung. Anschließend begleiten wir Sie einzeln nach und nach in unser großes Wartezimmer. Bitte bleiben Sie solange dort, wo Sie sich gerade befinden.“

Mir schießen gleichzeitig tausend Gedankensplitter durch den Kopf – wo in dem großen Schrank im Vorratslager liegen denn nochmal die Teleskopleuchten, die zum CuViD[1] gehören? Wie viele Patienten sind jetzt noch in der Praxis? Wer vom Mitarbeiterteam ist noch da? Und wer hat sich eben noch fröhlich lachend in das verlängerte Wochenende verabschiedet?

Marion kommt in diesem Moment schon mit der LED-Deko-Laterne um die Ecke, die immer unbeachtet auf der Fensterbank im Aufenthaltsraum steht, und stellt sie mitten auf die Theke der Anmeldung. Immerhin erhellt ihr Schein den kleinen Teil des Wartebereichs und taucht ihn in ein warmes Gelborange.

Gemeinsam gehen wir zuerst nach hinten zum Belastungs-EKG.

Frau Sönnchen hat bereits Herrn Friedrich vom Liegefahrrad geholfen und ihn auf die Behandlungsliege gesetzt.

Herr Friedrich ist gerade dabei, sich mit der Papierauflage der Liege den Glibber der EKG-Elektroden abzuwischen. Frau Sönnchen hat ihre Handytaschenlampe auf die Liege gelegt, mit der linken Hand Herrn

[1] https://www.cuvid.me/

Friedrichs Brille ergriffen und hält ihm mit der rechen Hand sein Unterhemd hin.

„Wir haben Stromausfall, hier im gesamten Komplex. Frau Sönnchen wird Ihnen beim Ankleiden helfen und sie dann in den Wartebereich begleiten."

Aus der Toilette rumpelt es, begleitet von einem lauten Poltern. Wir öffnen schnell die Tür und leuchten auf den Boden. Frau Schmitting sitzt laut schluchzend am Boden. Der Papiermülleimer ist gegen die Kacheln der weißen Wand geknallt und hat dabei seine feuchten, zusammengeknüllten grünen Papierhandtücher über den ganzen Boden des Vorraums verteilt.

Marion geht in die Hocke und legt sanft ihre Hand auf die linke Schulter der alten Dame „Frau Schmitting, keine Angst. Wir haben nur einen plötzlichen Stromausfall. Haben Sie sich verletzt?"

Das Schluchzen verstummt und mit leicht tränenerstickter Stimme flüstert sie leise: „Nein, es ist bestimmt nichts Schlimmes. Ich habe mich nur so erschrocken, als es plötzlich dunkel wurde. Ich hab den Halt verloren, als ich gerade zum Waschbecken gehen wollte."

Wir nehmen, ohne uns absprechen zu müssen, jeder eine Hand und greifen ihr rechts und links unter die Arme. „Frau Schmitting, wir helfen Ihnen hoch." Dank unserer sanften Unterstützung steht die kleine, zarte, alte Dame wieder auf ihren Füßen.

„Alles okay? Können Sie gehen?", fragt Marion vorsichtig. Frau Schmitting greift nach dem Arm von Marion und hakt sich fest unter und die beiden gehen langsam und vorsichtig nach vorne zum Wartebereich.

Mein nächster Weg führt mich in den gegenüberliegenden Untersuchungsraum, zum Herzecho. Sollte dort nicht der nächste Patient bereits mit nacktem Oberkörper auf der Liege liegen?

Ich öffne die Tür und leuchte in Richtung der Fensterfront. „Hallo, wir haben einen Stromausfall."

Der hochbetagte Herr Abramovic hat sich bereits aufgerichtet und seinen Pullover angezogen. „Es ist etwas frisch und dunkel, Frau Doktor. Ich habe mir vorsichtshalber schon was angezogen."

Ich bewundere innerlich die Ruhe und Gelassenheit, die von ihm ausgeht. „Herr Abramovic, kommen Sie, haken Sie sich unter, wir gehen zusammen nach vorne in den Wartebereich." Mit ganz kleinen tippelnden Schritten geht er mit mir den langen Flur entlang. Auf halbem Weg kommt uns Marion entgegen.

„Frau Doktor, die NINA-WarnApp hat gerade einen totalen Stromausfall in ganz Bochum angezeigt." Oha, denke ich, das kann ja heiter werden. Wie gut, dass im Dunkeln gerade niemand sehen kann, wie mir die Kinnlade heruntergeklappt ist.

„Danke Marion, nehmen Sie Herrn Abramovic mit nach vorne? Ich gehe eben rüber in den Untersuchungsraum 3 zu Frau Kleinschmidt, sie liegt noch beim Sono."

Die Tür steht offen und mit dem bläulichen Schein meines Handys betrete ich den Raum. „Hallo Frau Kleinschmidt, es war doch nicht die Sicherung. Wir haben in ganz Bochum einen Stromausfall." Hier ist etwas Papier, damit können Sie sich das Ultraschallgel abwischen. Ziehen Sie sich rasch wieder an, bevor es Ihnen noch kalt wird."

Die junge Mittvierzigerin, die immer ein breites, strahlendes Lächeln im Gesicht hat, wirkt auf einmal sehr besorgt. Ich leuchte ihr den Weg zum Stuhl, auf dem sie Ihre Oberbekleidung fein ordentlich abgelegt hat.

Sie scheint mit sich selber zu sprechen „Stromausfall in ganz Bochum – und das am Nachmittag, wo es doch jetzt schon um vier draußen dunkel wird." Ich warte, bis sie sich komplett angezogen hat.

„Kommen Sie, wir gehen in den Wartebereich, ich leuchte Ihnen den Weg." Sie greift nach ihrer großen Handtasche und wir gehen zusammen durch den dunklen Flur.

Als wir den großen Wartebereich erreichen, können wir im Schein der orangenen Laterne erahnen, dass fast alle Plätze inzwischen besetzt sind.

Auf der linken Seite, auf dem ersten, bequemen Ledersessel, sitzt Frau Gertrud Schmitting – wie ein kleines zartes Püppchen. Sie ist kaum größer als 1,65 m und wiegt – geschätzt – 58 Kilogramm. Mit ihrem Gesicht voller Lachfalten hat sie mit Ihren 84 Jahren noch immer einen einzigartigen, feinen Humor.

Sie kommt einmal im Quartal zur Kontrolle zu uns. Schon oft hat sie unser ganzes Team zum Lachen gebracht, insbesondere dann, wenn der Stress mal so richtig hoch ist. Was bei uns natürlich fast nie vorkommt.

Jetzt, in dem orangenen Licht der Laterne, kam sie mir wie eine kleine Sonne hinter einer dichten Wolkendecke vor. Wollte ihre Tochter, mit der Sie zusammen lebt, sie nicht gleich – wie immer nach der Untersuchung – abholen?

Links neben ihr hat Herr Abramovic Platz genommen. Er wirkt mit seinen schlanken 1,92 m neben Frau Schmitting wie ein Sitzriese. Er hat trotz seiner chronischen Herzerkrankung bereits ein stattliches Alter von 92 Jahren erreicht und strahlt selbst bei der schwachen Beleuchtung eine unglaubliche Ruhe und Gelassenheit aus.

Gehört er nicht zu der Generation, die den Zweiten Weltkrieg mitgemacht hat? Lebt er nicht seit drei Jahren immer noch selbständig in einer Seniorenwohnung am Glockengarten? Er kommt zweimal im Jahr zwecks Kontrolle seiner Herzfunktion zu uns in die Praxis. Marion ruft danach ein Taxi, das ihn wieder zurück in die Innenstadt bringt. Doch das können wir jetzt erstmal vergessen.

Hinten, neben der Tür vom kleinen gemütlichen Zimmer mit der super weichen und bequemen Liege für die Aufbauinfusionen, hat Herr Friedrich mit locker übereinander geschlagenen Beinen seinen Platz gefunden.

Herr Markus Friedrich ist ein neuer Patient, den ich eben erst kurz zum Vorgespräch gesehen habe. Er ist nach einem überstandenen Corona-Infekt immer noch ausgesprochen kurzatmig und kann als Chef eines mittelgroßen Elektroinstallationsbetriebs noch keinen normalen Arbeitstag durchhalten.

Seine körperliche Belastungsgrenze ist für seine Verhältnisse unterirdisch und beim Treppensteigen muss er mindestens zweimal stehen bleiben. Mit seinen 57 Jahren und einer Größe von 1,78 m wirkt er eher muskulös und trotz allem sportlich. Er hat sehr wenig Zeit und extrem viel zu organisieren, deshalb hat er heute einen Ecktermin bei uns erhalten.

Sein Elektrobetrieb hat mehr Aufträge, als seine 26 Mitarbeiter derzeit ausführen können. Das Belastungs-EKG ist wegen des Stromausfalls vermutlich mittendrin abgebrochen und die Lungenfunktionsprüfung steht auch noch aus.

Auf der Fensterseite sind noch zwei Plätze frei. Frau Simone Kleinschmidt lässt sich mit einem leichten Seufzen auf den mittleren Ledersessel fallen.

Sie hat ihre große, lederne Handtasche auf dem Schoß und zieht ihr Handy raus. Kein Antennensignal, keine Nachrichten. „So ein Mist".

Sie hat auf eine Nachricht von ihren beiden Kindern Maja und Tom gehofft. Die beiden Teenager sind eigentlich schon recht selbständig. Wollte Maja heute nicht noch zur Tanz-AG? Und Tom hat heute früher Schulschluss und müsste bestimmt zuhause sein bei Topsy, dem Pudelmischling. Was ist nur los da draußen?

Der Platz neben der Tür ist noch leer. Und draußen ist es immer noch dunkel.

Ich wende mich unseren vier Patienten zu. „Liebe Patienten, es ist für uns alle eine außergewöhnliche und neue Situation. Wir verschaffen uns einen kurzen Überblick. Ich bin gleich wieder bei Ihnen."

Im kleinen Teil des Wartebereichs hat sich der anwesende Teil unseres Praxisteams eingefunden. Frau Sönnchen, Marion und unsere Auszubildende Alina.

Wir wissen, dass der Professor, Frau Doktor Maring, Solveig und Andrina die Praxis vor mehr als einer Stunde verlassen haben und sicher zuhause sein sollten – hoffentlich.

Der Blick auf mein Handy zeigt gerade noch zwei Balken Akkuladung an. Auf der Fensterbank bei uns zuhause im Schlafzimmer liegt das Solarladegerät. Da liegt es gut, aber hier würde es mir mehr nützen.

Inzwischen ist es 17.23 Uhr. Normalerweise wäre in 7 Minuten Feierabend. Aber was ist jetzt schon normal?

Marion kommt ganz nah zu mir, fasst mich beherzt am Ellenbogen und raunt mir zu: „Komm mal mit, Doctora." Sie zieht mich lautlos in Richtung des Chefsprechzimmers und schließt leise die Tür hinter uns.

Mein Handy lege ich mitten auf den großen Schreibtisch, und der Sperrbildschirm zeigt das Bild meines Mannes, der mir wissend zuzulächeln scheint.

Markus ist wie immer auf Dienstreise. Er ist perfekt und hat für alle Lebenslagen stets eine gute Lösung. Ich muss mich nur mental mit ihm verbinden. Bei uns zuhause ist außerdem noch Olly – der Hund, den wir von unserem Sohn übernommen haben. Ich bin heute Abend noch dran mit dem Abendspaziergang....

Marion räuspert sich und reißt mich aus meinen Gedanken. „Doctora, es ist gerade eine weitere Meldung von der NINA-Warn-App gekommen.

Hier steht:

> ++ **Totaler Stromausfall in Bochum** ++ Die umliegenden Städte Essen, Gelsenkirchen, Herne, Dortmund, Witten und Hattingen sind ebenfalls betroffen ++ Der Notruf der Feuerwehr ist nur über das Festnetz erreichbar ++ Bleiben Sie in den Häusern und bewahren Sie Ruhe ++

Was machen wir jetzt?"

Ich muss ganz tief durchatmen, damit mir von dieser Nachricht nicht schwindelig wird. „Lass uns mal zusammenfassen. Es sind jetzt vier Patienten im Wartebereich und außer uns beiden sind von unserem Team noch Frau Sönnchen und Alina da, richtig?"

Marion denkt kurz nach. „Ja, Herr Abramivic ist mit dem Taxi gekommen und kann jetzt nicht zurück in den Glockengarten. Frau Schmitting sollte von ihrer Tochter um 17.30 Uhr abgeholt werden. Herr Friedrich will sich vermutlich gleich auf den Weg machen wollen und Frau Kleinschmidt ist alleinerziehende Mutter von zwei Teenagern, soweit ich weiß."

Sie atmet kurz durch: „Und in unserem Team, da fährt Frau Sönnchen abends immer mit mir zusammen und ich setze sie bei ihr zuhause ab. Alina wohnt ebenfalls hier in der Nähe und wird oft von uns mitgenommen. Ich denke, wir haben kein Problem, gut nach Hause zu kommen."

Was uns aber da wohl erwarten wird? Wie gut, dass wir einen Teelichtofen haben und den ohnehin schon regelmäßig nutzen, geht es Marion durch den Kopf.

Ohne Strom ist auch die komplette Straßenbeleuchtung aus. Wer von uns ist jemals im Stockfinstern durch unsere Stadt gefahren?

„Okay, wir werden wohl den Weg nach Hause finden. Doch was machen wir mit Frau Schmitting und Herrn Abramovic?"

Manchmal habe ich den Eindruck, Marion kennt mich schon so gut, dass Sie meine Gedanken lesen kann und fragt nach kurzem Überlegen: „Ob die Klinik nebenan wohl Notstrom hat und eventuell unsere beiden älteren Herrschaften bis morgen aufnehmen könnte?"

„Okay, das sollten wir in Erfahrung bringen. Lass uns wieder rüber gehen und mit allen sprechen. Vielleicht hat ja noch jemand einen besseren Vorschlag oder neue Nachrichten für uns." Allerdings klingt das nicht sehr überzeugend von mir.

Im Wartebereich wird inzwischen eifrig diskutiert.

Frau Schmitting hat Frau Sönnchen gebeten, nach ihrem Fuß zu schauen, der jetzt doch ein wenig schmerzen würde. Sie hat einen Coolpack aus dem ebenfalls dunklen Eisfach geholt und den Fuß hochgelegt.

Jetzt soll ich mir den Fuß schnell anschauen. Alina hält die Teleskopleuchte und im Lichtkegel zeigt sich eine bläuliche deutliche Schwellung über dem äußeren Sprunggelenk. Beim vorsichtigen Bewegen scheinen die Bänder intakt zu sein. Ich weiß, dass sie regelmäßig ihre Gerinnungshemmer einnimmt und es wahrscheinlich deshalb schon zu deutlichen Einblutungen kam.

„Frau Schmitting, das ist wahrscheinlich eine Verstauchung mit einem dicken Bluterguss. Wir kühlen das noch ein bisschen und Sie legen den Fuß weiter schön hoch." Alina hat bereits geistesgegenwärtig den unbesetzten Lederstuhl herangeschoben.

„Wir versuchen es erst mit Rescue-Tropfen. Vier Tropfen in ein Glas Wasser. Zuerst pur auf dem unter der intakten Haut durchscheinenden Hämatom vorsichtig auftragen. Danach mit der Rescue-Lösung kühlen und weiter hochlagern." Das ist eine Routineprozedur und klappt auch in dieser Situation zuverlässig.

„Marion, funktioniert unser Haustelefon? Ich brauche gleich eine Verbindung zur Hauptpforte von nebenan."

Herr Friedrich hat über sein Firmenhandy eine Information von den Stadtwerken Bochum erhalten. Er soll sich möglichst schnell auf dem Betriebsgelände am Ostring einfinden.

Ich nehme ihn kurz zur Seite. „Herr Friedrich, wir kennen jetzt die Untersuchungsergebnisse von Ihrem Herzen und der Lunge noch nicht. Passen Sie gut auf sich auf. Auch wenn wir jetzt eine größere Krisensituation haben sollten – übernehmen Sie sich nicht."

Er blickt in meine Richtung und sagt: „Wer, wenn nicht wir, soll das jetzt schaffen? Die Generation Z ist doch ohne Internet hilflos. Vielleicht finden wir mit der Feuerwehr zusammen eine schnelle Lösung. Übrigens sind die U-Bahnen auf den Strecken stehen geblieben. Und in den U-Bahnhöfen sind die Notstromversorgungen nicht angesprungen. Ich muss jetzt wirklich los. Bis bald Frau Doktor." Ermutigend ruft Herr Friedrich in die gemischte Runde des Sprechzimmers: „Ich fahre jetzt zum Ostring. Muss noch jemand in diese Richtung?"

Frau Kleinschmidt reagiert sofort und springt wie von einer Tarantel gestochen auf. „Ich wohne am Südring, kann ich hinter Ihnen herfahren?

Mein Navi tut nichts mehr und meine Kinder sind mit dem Hund allein zuhause. Und mir ist jetzt schon ein bisschen unheimlich."

Herr Friedrich bleibt kurz vor der Ausgangstür stehen, wartet, bis sie sich ihren flauschigen Schal umgelegt und ihren Mantel zugeknöpft hat. Bei dem spärlichen Licht wirkt alles grau in grau und von der stets gut aufeinander abgestimmten Farbenpracht ihrer Kleidung kann man gerade nichts erkennen. Sie schnappt sich ihre große graue Ledertasche und sagt: „Kann losgehen. Mein Auto steht direkt vor der Tür."

Die beiden verabschieden sich schnell und verschwinden in der Dunkelheit. Man sieht noch den matten Schein des Handys, welches auf das Türschloss leuchtet.

Die Autotür fällt zu und schon leuchten die Scheinwerfer des kleinen e-Smart auf, Sekunden später auch die Scheinwerfer des Firmenwagens mit dem Logo von Friedrich Elektro-Technik auf der Heckscheibe. Beide gleiten lautlos durch die Dunkelheit in Richtung Hauptstraße.

Erstaunlicherweise ist ein Freizeichen in der Leitung. Unter der hausinternen Nummer 01 erreiche ich die Hauptpforte des Krankenhauses, auf dessen Gelände wir unsere Praxis haben. Mit angestrengter und routinierter Stimme meldet sich am anderen Ende der Leitung eine Männerstimme: „Hier ist das Martin-Luther-Krankenhaus Bochum, Merschmeier am Apparat, was kann ich für Sie tun?"

Ich bin ein wenig erleichtert, dass Fred heute Dienst hat. Wir kennen uns schon lange und er ist immer wie ein Fels in der Brandung. „Guten Abend Fred, hier ist Doctora. Bei uns ist alles dunkel und wir haben keinen Strom. Wie sieht es bei Euch aus?"

Fred lacht kurz auf, als er meine Stimme erkannt hat. „Hola Doctora, bei uns ist es fast wie immer – das perfekte Chaos. Aber die Notstromaggregate funktionieren reibungslos." Diese Information lässt mich ein wenig aufatmen.

„Fred, wir haben hier noch zwei hochbetagte Patienten aus unserer Nachmittagssprechstunde. Die 84-Jährige ist beim Stromausfall in der Toilette gestürzt und hat eine Sprunggelenksdistorsion mit Einblutung unter NOAK. Und der 92-Jährige mit Herzinsuffizienz kann nicht zurück in seine Wohnung. Habt ihr die Möglichkeit, die beiden bis morgen aufzunehmen?"

Es entsteht eine Pause des Schweigens, die sich wie eine kleine Ewigkeit anfühlt – und durch ein Knacken in der Leitung durchbrochen wird.

„Auf der Station 2 der Geriatrie ist noch ein Zweibettzimmer frei. Das ist alles, was ich dir gerade anbieten kann. Wir rechne damit, dass unserer Notaufnahme in den nächsten Stunden vollaufen wird." Ich bin froh über den Lichtblick. „Fred, du bist der Held des Abends. Wir kommen gleich zusammen rüber. Ich danke Dir!"

Den Hörer lege ich langsam auf die Gabel und atme erst einmal tief durch.

„Frau Schmitting und Herr Abramovic, wir haben einen längeren Stromausfall in ganz Bochum. Sie können heute Abend leider nicht mehr zurück nach Hause." Bevor einer der beiden antworten kann, fahre ich rasch fort: „Wir haben ein Zimmer für Sie beide nebenan im Krankenhaus organisiert. Da ist Licht und da ist es auch warm. Sie können die eine Nacht dort verbringen."

Herr Abramovic richtet sich auf und sagt: „Na, das hätte ich mir heute morgen nicht träumen lassen, datt ich mir ein Doppelzimmer mit einer so hübschen jungen Dame teilen darf" und lächelt in Richtung von Frau Schmitting, die immerhin ganze acht Jahre jünger ist als er.

Frau Schmitting blickt besorgt auf ihren Fuß. „Damit kann ich jetzt nicht so gut laufen. Und was ist mit meiner Tochter, wenn die jetzt gleich kommt, um mich abzuholen?"

Marion hat schon die perfekte Lösung vorbereitet. Sie hat den Faltrollstuhl bereits aus dem Materiallager nach vorne in den Wartebereich geschoben. „Wir machen einen Zettel für Ihre Tochter an die Tür, falls Sie doch noch herkommen sollte mit *Bitte an der Hauptpforte melden.* Dann werden Sie auf jeden Fall gefunden."

Marion ist in ihrem Element und verteilt die Aufgaben. „Frau Sönnchen und Alina, Sie beide kümmern sich darum, dass der Infozettel an die Tür kommt. Ausdrucken geht nicht mehr, aber der dicke Filzstift funktioniert auch ohne Strom".

Man könnte meinen, dass da eine Spur von Schalk in ihrer Stimme mitschwingt, als die nächste Anweisung folgt: „Und dann gehen Sie beide zusammen noch einmal durch die Räume. Bitte alle Stecker aller Elektrogeräte – insbesondere der Ultraschallgeräte – ziehen. Nur vorsichtshalber, falls der Strom plötzlich wieder kommt, damit die teuren Geräte keinen Schaden nehmen." Nach dem nächsten Atemzug fügt sie hinzu: „Doctora und ich bringen die beiden Herrschaften eben zur Hauptpforte rüber."

Es dauert eine Weile, bis die älteren Herrschaften ihre Wintermäntel angezogen und zugeknöpft haben. Frau Schmitting hat im Rollstuhl Platz genommen und hat ihren rechten Winterschuh auf dem Schoß zusammen mit ihrer Handtasche. Herr Abramovic hat sich bei mir am linken Arm untergehakt. Alina hält die Eingangstür für uns auf.

Ein kühler, dunkler Hauch weht uns entgegen, als wir um die Ecke biegen und die helle Beleuchtung des Haupteingangs schon sehen können.

Fred wartet bereits auf uns und hat schon einen Sitzwagen für Frau Schmitting organisiert. Nach einer kurzen Übergabe verabschieden wir uns von den beiden.

Marion und ich gehen zügig zurück. Die Praxis ist noch fast ganz dunkel, bis auf den orangenen Schein der Laterne auf der Theke.

Frau Sönnchen und Alina haben das Schild an der Eingangstür angebracht und sind auch schon soweit angezogen.

„Die Stecker sind alle gezogen. Wir haben auch noch die Coolpacks aus dem Tiefkühlfach in den Kühlschrank gepackt. Damit können die Medikamente weiterhin kühl bleiben, wenigstens bis morgen."

In diesem Moment bin ich dankbar, dass sich unser Team schon im Sommer mit dem Thema „Watt tun, wenn kein Strom?" im Rahmen einer praxisinternen Fortbildung beschäftigt hat.

„Klappt es, dass ihr drei jetzt zusammen nach Hause fahrt, so ganz ohne Navi und im Dunkeln?" Marion und die beiden sind sich sehr sicher, dass dies wohl keine größere Herausforderung sein dürfte, da sie zusammen im Umkreis von maximal 3,5 km wohnen.

Marion und ich tauschen noch schnell die Dienstkleidung und sind ebenfalls startklar.

Beim Verlassen der Praxis piept das batteriebetriebene Bedienteil der Alarmanlage beim Scharfschalten und gibt uns mit ihrem kurzen Aufblinken und Piepsen ein klein wenig Normalität in die Dunkelheit mit auf den Weg.

19:15

Ich sitze in meinem Youngtimer, der zuverlässig wie immer anspringt. Wie gut, dass mein altes Auto so schön schnell kuschelig warm wird. Echt deutsche Wertarbeit eben. Mein Handy lädt wie üblich über den Zigarettenanzünder.

Das wird auch höchste Zeit, da es einen Ladezustand von nur noch 8 % anzeigt. Bis ich zuhause bin, wird es sich gemütlich wieder aufladen können.

Wie üblich auf dem Heimweg Markus anzurufen – das kann ich heute vergessen. Kein Netz, keine Leitung → kein Anruf.

Dafür nehme ich mental Kontakt zu ihm auf:

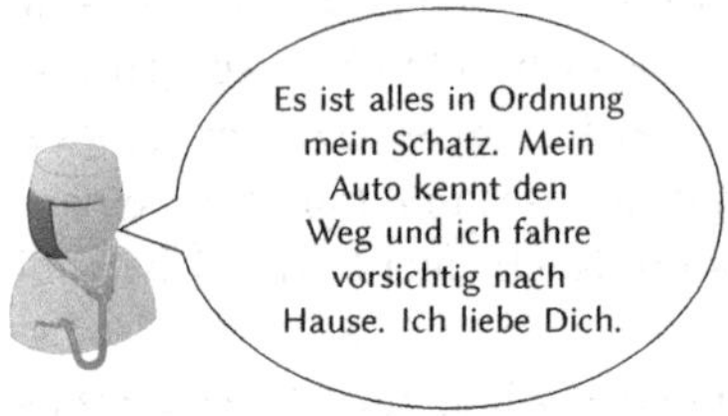

... und schicke ihm noch einen dicken Kuss mit über das morphogenetische Feld.

Mit aufgeblendeten Scheinwerfern fahre ich durch die dunklen und leeren Straßen. Auf dem Mittelstreifen steht ein leerer, verlassener Straßenbahnzug dunkel im Gleisbett.

Bis zur Autobahn kommt mir ein Krankenwagen mit Blaulicht, aber ohne Martinshorn entgegen, da die Straßen völlig frei sind.

Ich versuche, mich zu konzentrieren, da meine gewohnten Landmarken nicht zu sehen sind. Die Ampelanlagen sind alle tot.

Warum hat denn die Tankstelle um diese Zeit schon geschlossen? Ach ja, die Zapfsäulen brauchen ja auch Strom.

Ich erinnere mich noch an Kinderzeiten, da konnte man zumindest für die Zweitakter das Gemisch noch mechanisch zapfen. Über eine kleine Pumpsäule mit einem langen Hebelarm mit einer Art Billardkugel obendrauf. Der Tankwart hatte eine Uniform mit Mütze getragen, auch an den anderen Zapfsäulen wurde das Auto für die Kunden betankt und direkt an der Wagentür abkassiert. Wie lange mochte das schon her sein?

Auf der A40, dem Ruhrschnellweg, bin ich fast alleine unterwegs, das ist für den frühen Abend echt ungewöhnlich.

Ob die Blitzer bei Stromausfall auch keine unvorteilhaften Schwarzweißbilder mehr machen? frage ich mich. Ausprobieren möchte ich dies am Ende dieser ungewöhnlichen Sprechstunde aber nicht wirklich.

Ich bin froh, sicher zuhause angekommen zu sein und stelle mein Auto in seinem „Häuschen" ab. Mein Handyakku ist schon wieder bei 75 %. Ich greife meine Tasche und schließe die Fahrertür ab. Die Innenbeleuchtung des Autos reicht aus, um mir den Weg bis zur Tür zu beleuchten, bevor sie automatisch erlischt.

Als ich die Tür öffne, kommt Olly, unser Familienhund, sofort angelaufen und springt an mir hoch – er will ganz schnell Gassi gehen. „Jetzt geht es direkt raus, mein Guter."

Ich stelle mein Tasche auf die alte hölzerne Truhe im Eingang, greife die große Taschenlampe vom Schlüsselbrett darüber, die immer dort parat steht – und schnappe mir die Leine.

Olly macht auch im Dunkeln Sitz! und lässt sich ganz einfach anleinen. Wie gut, dass Olly und ich im Herbst schon öfter zusammen im Wald waren. Es ist fast so still wie bei der Jagd. Nur das Käuzchen ist nicht zu hören. Dafür, ganz in der Ferne, leise ein Martinshorn.

Die Sterne funkeln und der Schein des zunehmenden Mondes taucht unser Stadtviertel in einen schwachen, silbrigen Schein. So etwas Schönes kennen wir hier im Ruhrgebiet aufgrund der Lichtverschmutzung eigentlich gar nicht mehr.

Zweiter Tag ohne

Freitag – Kein Tag wie jeder andere

Es ist Freitag früh, als ich zur üblichen Zeit um 6.30 Uhr von alleine aufwache. Draußen ist es immer noch ganz dunkel. In meinem Schlafzimmer ist es etwas kühl und ich ziehe mir die Decke noch ein wenig fester um meine Schultern. Am Ende meines Bettes höre ich Olly noch tief und fest schlafen, ganz regelmäßig atmend in seinem Körbchen.

Das Display meines Radioweckers ist dunkel und zeigt keine Zeit an, damit fallen auch die Frühnachrichten aus. Das Ticken der Standuhr schallt rhythmisch aus dem Wohnzimmer. Zur vollen Stunde kann man die Glockenschläge mitzählen. Der eine Glockenschlag kündigt an, dass es jetzt irgendwas mit halb sein muss.

Mein Handy hat sich am Solar-Akku bedient, ist wieder voll geladen und bestätigt, dass es tatsächlich 6.30 Uhr ist. Allerdings ist kein Netzsignal zu sehen und neue Nachrichten haben mich natürlich auch nicht erreicht.

Ich drehe mich zur Seite, denke mit geschlossenen Augen an Markus und atme ganz tief dabei ein. Mein Herz beginnt schneller zu schlagen und meine ganze Liebe fließt direkt zu ihm. Wir sind so ganz einfach miteinander verbunden, ganz egal, auf welchem Teil der Erde sich mein Mann gerade befindet.

Ich spüre, dass es ihm gut geht.

Natürlich weiß Markus schon längst über den Stromausfall bei uns Bescheid und er hat bestimmt schon eine gute Lösung parat. Ich spüre seine Ruhe und seine Liebe bei mir ankommen und bin mir ganz sicher, dass seine Ideen und Lösungen mich gut durch den Tag begleiten werden.

Schwungvoll schlage ich die Decke zurück und taste mich mit schlafwandlerischer Sicherheit in das Badezimmer. Wie gewohnt setze ich mich zuerst auf die Toilette und beim Spülen bemerke ich, dass sich der Spülkasten wieder mit Brauchwasser gefüllt hat und noch immer funktioniert.

Aus dem Wasserhahn kommt aber kein Frischwasser mehr, aber das ist nicht so tragisch. Die Badewanne ist noch mit dem Badewasser des wundervollen Vollbads mit **basischem Badesalz** gefüllt. Am Mittwochabend habe ich zuletzt wohlig warm gebadet, nur gestern ist es ganz entgegen meiner Gewohnheit ausgefallen. Wäre auch ohne Strom etwas schwierig geworden.

Da ich zum Glück bereits etwas vorbereitet und abgehärtet bin, kostet es mich nur wenig Überwindung, in das immerhin raumtemperierte Nass zu steigen. Zuerst ordentlich Wassertreten, dann hineinknien und die Arme und das Gesicht mit beiden Händen nass machen.

Als nächstes kommt der Übergang in leichte Schwimmbewegungen der Arme. Dabei stelle ich mir vor, ich würde in einem kleinen, kühlen Bergsee schwimmen. Das geht schon ganz gut. Mit einigem Prusten und leichtem Japsen dreh ich mich auf den Rücken. Mein inneres Auge blickt dabei in den Sternenhimmel.

Mit Schwung verlasse ich das kühle Nass und greife nach dem Handtuch, das auf der kalten Heizung hängt. Nach dem kräftigen, gründlichen Abfrottieren ist es mir allerdings wohlig warm geworden.

Im Schlafzimmer begrüße ich Olly, damit er sich nicht wundert, wer da im Dunkeln durch das Haus tapst. „Hallo Olly, es ist immer noch finster und wir haben keinen Strom. Ich ziehe mich schnell an und dann gehen wir Gassi." Olly ist noch ganz verschlafen, hebt nur ein Ohr an, bevor er sich beim Aufstehen ausgiebig reckt, streckt und dabei gähnt.

Das tägliche Wiegen auf der Standwaage lasse ich heute mal ausfallen. In meiner Kommode greife ich nach der Unterwäsche, die ordentlich aufgereiht in der obersten Schublade in einem Karton in der Mitte liegt. Meine linke Hand fischt zielsicher ein Bustier heraus, die rechte Hand entnimmt aus der Reihe daneben eine frische Unterhose. Ob die Farben heute perfekt aufeinander abgestimmt sind, ist mir herzlich egal. Schließlich will ich ja nur in die Praxis und nicht zu einem Date. Eine frische Slipeinlage aus dem Karton links neben der Unterwäsche komplettiert das Sortiment.

Meine Dehnübungen vor dem Spiegel finden heute zwar ohne optische Kontrolle statt, ich bin mir aber ganz sicher, dass ich mich genauso geschmeidig und elegant bewege wie noch am Vortag.

Das Unterhemd aus einem Wolle-Seide-Mix hängt an der Türklinke und das Schild am hinteren Halsausschnitt verrät mir, dass ich es richtig herum angezogen habe. Aus der zweiten Schublade ziehe ich mir ein Polohemd mit langen Ärmeln heraus und greife nach den weichen Wollsocken. Die Winterjeans habe ich gestern Abend noch über den stummen Diener gelegt – und da ist sie heute früh auch noch. Knopf zu und Reißverschluss hoch, fertig.

Meinen leicht gelockten Haaren ist es eigentlich egal, ob sie jetzt gebürstet werden oder nicht, andererseits gehört das Bändigen der Haare zum festen Morgenritual dazu. Im Bad liegt neben meinem Waschbecken meine gute Naturhaarbürste. Mit ein paar Strichen in jede Richtung bin ich schon fertig. Ich greife die Haare, wie zu einem Pferdeschwanz, drehe sie einmal kurz zusammen und stecke sie mit einem breiten silberfarbenen Kämmchen fest – fertig.

Im Flur schlüpfe ich in die dicken, dunkelbraunen mit Lammfell gefütterten Jagdstiefel. Lege mir den selbstgestrickten, weichen, braun melierten Schal um und gleite in meinen Wolltuchparka.

Dank seines guten Gehörs hat Olly das schon sicher erkannt und sitzt schon zu meinen Füßen, als ich nach der Leine greife. Vorsichtshalber nehme ich noch die große Taschenlampe und den Haustürschlüssel vom Schlüsselbrett mit.

6:55 

Als wir das Haus verlassen, ist es draußen ganz merkwürdig still und nach wie vor stockdunkel. In den Nachbarhäusern brennt nicht wie sonst üblich bereits das Licht in den Küchen und den Esszimmern. Auch steckt bei unseren betagten Nachbarn keine Tageszeitung im Briefkasten.

Plötzlich gibt Olly Laut und zieht heftig an der Leine in Richtung des Vorgartens der Nachbarn am Ende der Straße.

Hier steht das Haus von Familie Sundermann mit ihren drei kleinen Kindern. Sonja Sundermann ist Rechtsanwältin in eigener Kanzlei mit einem Team von 5 Fachanwälten in Düsseldorf. Ron betreibt einen Onlineshop von zu Hause aus und managt die Versorgung der drei Kinder.

Das Nesthäkchen ist Josy, die mit ihren 13 Monaten gerade laufen gelernt hat. Paul ist ein süßer Fratz und ein Dreihäsehoch, der schon in den Kindergarten geht. Als einziges Schulkind ist der große Bruder Anton mit seinen sieben Jahren immer gut beschäftigt und hat zudem immer allerlei lustigen Unsinn im Kopf.

Olly spielt gerne mit den Kinder und läuft am liebsten mit ihnen um die Wette, wobei er immer locker gewinnt.

Mit langen, schnellen Schritten, fast schon rennend, erreichen wir die Toreinfahrt zum Grundstück, da Olly mächtig an der Leine zieht.

Ich schalte die Taschenlampe an. Auf der rechten Seite im Carport steht Sonjas kleiner, schneller Sportflitzer. Daneben der Familien-Van und diverse Kinderfahrzeuge, sowie die ganzen Fahrräder – allesamt ordentlich aufgereiht.

Doch Olly zieht nach links, hinter die Hecke in Richtung Garten, zum großen Sandkasten samt Klettergerüst, drei Schaukeln und einer Rutsche.

Ich bleibe wie angewurzelt stehen. Am Rand des Sandkastens liegt etwas, das im kleinen Lichtkegel der Taschenlampe noch nicht klar zu erkennen ist. Als wir näher kommen, höre ich ein leises Wimmern. Es ist Anton, der mit nackten Füßen im Schlafanzug auf der Wiese liegt – merkwürdig verdreht.

Ich beuge mich zu ihm runter und sage leise: „Anton, wir sind es – Olly und Doctora, kannst du uns hören?" Es kommt keine klare Antwort. Der kleine Mann muss schon ziemlich unterkühlt sein, das Bein liegt merkwürdig verdreht. Als ich in dessen Gesicht leuchte, bemerke ich ein dunkles Rinnsal, das aus seinem Ohr sickert.

Er reagiert nicht auf meine Ansprache, seine Augen sind halb geschlossen und die Atmung ist flach, aber mit den Händen spürbar.

7:02

Reflexhaft greife ich zum Handy, um einen Notruf abzusetzen – doch das Ding hat weder Empfang, noch geht der Notruf raus. Mist – telefonieren geht nur über Festnetz, das stand gestern in der NINA-WarnAPP.

Haben die das also noch nicht im Griff?

Ich ziehe meinen Parka aus und decke Anton damit zu. „Olly, bleib!", sage ich – und er legt sich ganz dicht an Anton, als wollte er sagen: Nun mach schon, ich pass solange hier auf und beeil dich gefälligst!

Mit drei Sätzen bin ich an der Haustüre und versuche zu klingeln. Nichts. War ja klar. Mit der Taschenlampe trommle ich gegen die dicke, hölzerne Eingangstüre.

Ein historischer Türklopfer, so einer mit Löwenkopf samt Ring im Maul oder eine Glocke mit Zugseil wären jetzt eine echte Alternative.

Gleichzeitig überlege ich mir schon die ersten Versorgungsschritte, die für Anton in dieser Situation wichtig wären. Auskühlung, Rettungsdecke, nicht bewegen, Stiffneck, Schädelbasisfraktur, Zugang legen, Trageschaufel.

Oder einfach ein Notarzt mit Rettungswagen, der alles dabei hat – das wäre jetzt die perfekte Lösung.

Im Haus rührt sich was. Ron öffnet die Tür und fragt „Was ist denn mit dir los, so früh und das, wo alles tot ist."

„Lass uns später scherzen. Zieh dir schnell Jacke und Schuhe an und gib mir den Schlüssel vom Van. Ich brauche sofort den Verbandskasten. Anton liegt verletzt im Garten!"

Ron ist von jetzt auf gleich im Funktionsmodus. Er gibt mir den Van-Schlüssel, ich sprinte schnell los und hole den Verbandskasten aus dem Seitenfach des Kofferraums.

In Windeseile schlüpft er in seine Schuhe und mit wehender Jacke rennen wir zusammen in den dunklen Garten.

Olly überlegt, ob er knurren oder bellen soll, als wir durch die Dunkelheit auf ihn zu rennen.

„Lass Anton so liegen!" Ron kniet sich neben seinen Kopf. Ich halte ihm die Taschenlampe hin und gebe ihm die Anweisung: „Leuchte mal hier in den Verbandskasten."

Ich suche als erstes Handschuhe zum Eigenschutz. Dann greife ich die Rettungsdecke. Sterile Kompressen sind auch da. Doch wie die Halswirbelsäule stabilisieren ohne Stiffneck?

Ich erinnere mich noch dunkel an meine Zeit in der Traumatologie in Santo Domingo. Da gab es doch eine Alternative.

„Habt ihr noch Festnetz?" Ron schüttelt den Kopf.

„Ron, wir brauchen jetzt einen großen Pappkarton, Klebeband, eine Schere und eine Decke." Ron sieht mich verständnislos an, nickt aber kurz und setzt sich laut „Karton, Klebeband, Schere, Decke" murmelnd in Bewegung. Meine Taschenlampe hat er mitgenommen.

Ich ziehe mein Handy raus, aber mit meinen kalten Fingern funktioniert das Touchpad mal wieder nicht. Also muss das Display reichen.

Markus schaut mir auf dem Display lächelnd entgegen und ich höre ihn sagen:

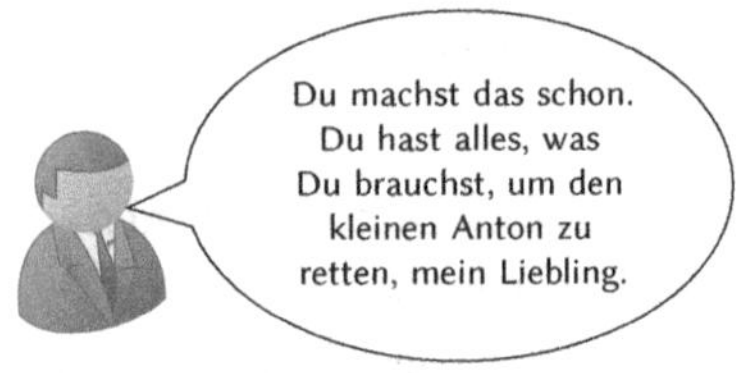

Mit dem guten Gefühl, dass Markus hinter mit steht und über die Schulter schaut, beginne ich mit der Notfallversorgung. Draußen, in der Dunkelheit des Gartens, bei gefühlten 8 Grad und im Handyschein. Jetzt den kleinen Anton möglichst professionell zu verarzten, ist eine echte Herausforderung.

Der Atem ist flach, mit einer Frequenz von 12 Atemzügen pro Minute. Ich decke das blutende Ohr mit einer Kompresse ab und klebe sie mit Pflasterstreifen fest. Unter meinem Parka kühlt Anton von oben nicht weiter aus, aber er liegt direkt auf dem kalten Rasen. Wie lange mag er schon hier liegen? Egal, wir müssen ihn vorsichtig wärmen und gesichert für den Transport lagern.

In der absoluten Stille breitet sich die Rettungsdecke laut knisternd aus. Ich versuche, den noch nicht entfalteten Teil mit der flachen Hand langsam unter den kleinen Körper zu schieben – Stück für Stück, ohne Anton zu bewegen.

Als ich auf der Höhe des verdrehten Beinchens ankomme und es sanft berühre, kommt ein schmerzhaftes Stöhnen aus Antons Kehle. Damit ist es quasi gesichert, was die abnormale Lage schon erahnen lässt. Das Bein ist mindestens einmal gebrochen. Auf der anderen Seite ist es ein gutes Zeichen, dass er noch Schmerzen wahrnimmt und nicht gänzlich weggetreten ist.

Als ich gerade damit fertig bin, die Knisterfolie unter Antons kleinen Körper auf der anderen Seite hervorzuziehen, sehe ich, wie ein Lichtkegel auf uns zugewackelt kommt.

Es ist Ron, der mit einem großen Umzugskarton und einer kleinen Kinderdecke angelaufen kommt. „Ich hab auch noch eine Rolle Paketklebeband und ein Cuttermesser."

„Das ist prima." Ich bin dankbar, dass wir jetzt vierhändig weitermachen können.

„Wie geht es Anton?", fragt er besorgt und noch leicht außer Atem.

„Atmung unverändert, Kreislauf stabil. Wir brauchen aber dringend einen **Stiffneck**, um die Halswirbelsäule zu stabilisieren." Ich reiße einen langen Pappstreifen vom Boden des Umzugskartons ab. Mit der Hand hab ich das Maß vom Schlüsselbein bis zum Ohr genommen, ungefähr 4 Querfinger.

In die Mitte der langen Seite schneide ich eine Kinnmulde, circa 6–8 cm breit.

Ein weiteres Pappstück, so lang wie Antons Bein, ist ruck-zuck vorbereitet. Das wird benötigt, um gleich das gebrochene Bein zu schienen.

Auch wenn es Anton gleich weh tun wird, die Halswirbelsäule hat Priorität. Ein hoher Querschnitt könnte zu einem Atemstillstand oder zu bleibenden Lähmungen führen. Mist, wie gerne hätte ich jetzt die Kollegen vom Rettungsdienst hier. Das Klebeband liegt ebenfalls schon vorbereitet in Griffweite.

„So, Ron, jetzt ist Teamwork angesagt. Wir müssen Anton achsengerecht lagern. Ich nehme den Kopf und du fasst Anton an Schulter und Becken. Zeitgleich werden wir ihn ganz langsam und vorsichtig auf den Rücken drehen. Danach machen wir mit der Pappe und dem Klebeband weiter."

Ron kniet auf dem kalten Rasen neben seinem Sohn. Die Rettungsdecke raschelt so laut, als würde sie um Hilfe schreien. Mit einem Schwung ziehe ich meinen Parka, der Anton von oben immer noch etwas warm hält, zur Seite.

„Hast du die Schulter und die Hüfte gut im Griff? Jetzt auf drei ganz langsam drehen: Eins – Zwei und Drei." Wie in Zeitlupe, als würde Anton schweben, gleitet er sanft auf den Rücken. Als das Bein sich mitdreht, stöhnt Anton laut auf.

Ich halte seinen Kopf unter leichtem Zug in meinen Händen. „Ron, die Knisterdecke von beiden Seiten über den Körper schlagen und den Parka wieder darüberlegen."

Ich warte die zwei Sekunden ab, bis Anton vorsichtig von seinem Vater zugedeckt ist. Sein kleiner Kopf wird in meinen Händen allmählich so schwer wie eine Wassermelone.

„Prima, jetzt nimm das Pappstück mit der Mulde. Die gerade Kante zeigt in Richtung der Füße. Schiebe sie jetzt unter meinen Händen durch, bis die Mulde unter dem Kinn ist."

Ron ist ein perfekter Ersthelfer. „Richtig so?"

„Ja, noch ein paar Zentimeter nach rechts." Ganz vorsichtig kommt die Mulde unter dem Kinn zu liegen. Die Pappe wird zur Stabilisierung der Halswirbelsäule eng um den Hals geführt und anschließend vom

Paketklebeband fest zusammengehalten. „So ... jetzt noch die kleine Decke als Kopfkissen hier hin."

Ganz vorsichtig lege ich Antons Kopf wieder ab. Er atmet leise weiter. Ich bin innerlich erleichtert. Der erste, schwierige Teil wäre geschafft.

„Okay, jetzt müssen wir noch das gebrochene Bein stabilisieren." Wir bewegen uns in Richtung von Antons Füßen.

„Ron, ich werde jetzt sein Bein unter Zug nach unten strecken. Du wirst das längliche Stück Pappe unter das Bein legen und dann wieder so mit Klebeband sichern wie eben beim Hals. Alles klar?" Ron greift sich das lange Pappstück und sagt: „Klar, kann losgehen."

Wir schieben den wärmenden Parka etwas in Richtung Kopf, damit wir besser an das Bein kommen. Die Knisterdecke macht schon wieder ihrem Namen alle Ehre und ist echt laut am Rascheln.

Antons rechtes Bein hat einen unnatürlichen Knick im Unterschenkel. Ich greife den Fuß mit beiden Händen und ziehe das Bein langsam gerade. Ein Geräusch von aneinander schabenden Knochen durchzieht die Stille und wird von Antons Stöhnen überlagert.

Sein Fuß und der Unterschenkel zeigen jetzt wieder in die natürliche Richtung. Ron beginnt sofort damit, die vorbereitete Pappe als Schiene unter das gebrochen Bein zu schieben. Er legt sie möglichst eng an und fixiert sie mit vier Streifen Paketklebeband.

Damit die Stellung so bleibt, wickeln wir mit einer Mullbinde die beiden Füße auf Höhe des Mittelfußes zusammen und machen noch eine keine Schleife um die beiden Großzehen. „Das war's, das ist die halbe Miete."

Jetzt ist es an der Zeit, Anton transportfähig zu lagern. Ich weiß, dass Ron den Sandkasten abends immer mit Schalbrettern abdeckt, damit sich keine wilden Kaninchen rein setzen. „Ron, kannst du bitte ein Schalbrett holen, das du zum Abdecken des Sandkastens nutzt?"

Währenddessen versuche ich, noch schnell den Fußpuls zu tasten, um abschätzen zu können, ob die Durchblutung funktioniert und die großen Gefäße intakt sind. Ganz schwach lässt sich der Puls an der Arteria dorsalis pedis am kalten Füßchen erahnen.

Den großen Pappkarton schieben wir zuerst unter die Knisterdecke, auf der der kleine Körper liegt. Und danach kommt vorsichtig das Schalbrett unter die Pappe. Rasch wird damit die Transportfähigkeit hergestellt. Jetzt wird es höchste Zeit, den kleinen Mann ins Warme zu bringen – oder besser gleich direkt ins Krankenhaus?

7.25

Kurze Bestandsaufnahme:

- Es ist noch dunkel
- Der Notruf über das Handy funktioniert beim Morgengrauen immer noch nicht
- Die Sundermanns haben kein Festnetz

Welches Krankenhaus ist in der Nähe, wer kann wohl noch Schwerstverletzte – und dann auch noch Kinder – versorgen? Wo sind wohl noch Kapazitäten frei am Ende dieser Nacht?

Die Notstromversorgung in den Krankenhäusern sollte für mindestens 3 Tage gut funktionieren. Seit gestern Nachmittag sind bereits fast 16 Stunden vergangen. Es bleiben also noch knapp zweieinhalb Tage. Das sollte doch für die Diagnostik und Erstversorgung ausreichen, oder?

Eine Voranmeldung über den Notarzt in der Klinik entfällt. Einerseits ist kein Notarzt vor Ort und andererseits haben wir hier gar keine Kontaktmöglichkeit.

Was wäre die Alternative? Nahezu alle Heizungsanlagen sind während der Nacht ausgefallen. Die gut isolierten Häuser haben zwar noch Restwärme. Wer einen Kamin oder einen Kachelofen hat, eventuell seinen Strom netzunabhängig produzieren und speichern kann, ist in dieser Situation klar im Vorteil.

Andererseits kann ohne Röntgendiagnostik eine Schädelbasisfraktur nicht sicher ausgeschlossen werden und auch die Fraktur des rechten Beines muss ordentlich versorgt werden.

„Ron, wir müssen uns den nächsten Schritt gut überlegen.“ Wie formuliere ich jetzt, dass die Lage echt ernst ist, ohne den besorgten Vater in weitere Panik zu versetzen und gleichzeitig nichts zu beschönigen?

„Anton ist schwer verletzt. Er ist vermutlich aus seinem Kinderzimmerfenster gefallen.“ Wir wissen beide, dass Anton sein Zimmer im zweiten Obergeschoss hat.

Unwillkürlich wandert Rons Blick an der Hauswand nach oben. Er leuchtet dabei die Fassade ab und man sieht im diffusen Lichtkegel das Kinderzimmerfenster offen stehen.

„Oh mein Gott“, entfährt es ihm. „Wird Anton das hier überleben?“

8:23

Markus Friedrich sitzt völlig erschöpft und in sich zusammengesunken auf einem Bürostuhl im großen Besprechungsraum der Stadtwerke Bochum.

Er hält eine Bechertasse mit einem farbigen Logo, das wie ein spiegelverkehrtes G aussieht, gefüllt mit heißem, schwarzem Kaffee in seinen Händen.

Die ganze Nacht über war er per Funk mit dem Krisenstab der Stadt und mit der Feuerwehr verbunden. Die Rettungseinsätze zur Evakuierung der Pendler aus den U-Bahnen waren eine heikle Kiste.

Vor allem die jüngeren Fachkräfte der BOGESTRA[2] und der Stadtwerke waren ohne die funktionsfähigen, elektronischen Apps zunächst aufgeschmissen und mehr oder weniger hilflos.

Im Archiv wären zwar noch die alten Schaltpläne in diversen Aktenordnern zu finden gewesen, aber kaum jemand konnte damit noch so richtig was mit anfangen.

Markus ist einer der „alter Hasen" und war damals beteiligt beim Bau der ersten U-Bahnlinie U35. Lange Jahre hat er dann der Kreishandwerkerschaft vorgestanden und als ehemaliger Kreishandwerksmeister hat er ein sehr gutes Netzwerk mit fähigen Kollegen. Diese wurden ebenfalls in die Leitstelle beordert. Zusammen mit jeweils einer Einheit – einem Feuerwehrzug – wurden sie zu den verschiedenen U-Bahnhöfen gebracht.

Auch wenn aktuell kein Fahrstrom zur Verfügung stand, musste aus Sicherheitsgründen erst in den Hauptstromverteilerkästen die Versorgung der Stromschienen abgeschaltet werden – man kann ja nie wissen, ob nicht plötzlich doch wieder Spannung anliegt. Erst danach begaben sich die Suchtrupps in das Gleisbett, um die Fahrgäste aus den liegengebliebenen U-Bahn-Wagons zu befreien.

Um 16.48 Uhr, als es in den U-Bahnen plötzlich dunkel wurde und die Züge mit einer gemäßigten Notbremsung zum Halten kamen, waren diese noch im 10-Minuten-Takt unterwegs. Gerade Donnerstagsnachmittags waren die Züge voll mit Studierenden der Ruhr-Uni vom Hauptcampus sowie vom benachbarten Gesundheitscampus. Die Evakuierung aller U-Bahnzüge dauerte unter den erschwerten Bedingungen

[2] Bochum-Gelsenkirchener Straßenbahnen AG

bis in die frühen Morgenstunden. Bei allen 21 U-Bahnhöfen war die Notstromversorgung komplett ausgefallen.

Zum Glück hatte sich kein Fahrgast schwer verletzt und es ist trotz der Ungewissheit, der totalen Dunkelheit und der zunehmenden Kälte friedlich geblieben.

In einigen Wagons wurde Gitarre gespielt und gesungen, in anderen wurde die halbe Nacht lang philosophiert und diskutiert.

Markus Friedrich war sehr erleichtert, als ihn über Funk die Nachricht erreichte, dass auch die letzten Menschen im Morgengrauen sicher aus den U-Bahnhöfen geleitet werden konnten.

Jetzt war er so kaputt, dass er sich nichts sehnlicher wünschte, als zuhause nach einer warmen Dusche in sein Bett zu fallen.

Ja, eine warme Dusche, dachte er, das ist es jetzt. Er hoffte inständig, dass im Warmwasserspeicher noch genügend warmes Wasser vorhanden war. Die Erdwärmepumpe wird mangels Strom keinen Nachschub liefern können.

Bei dem Gedanken an zuhause fiel ihm seine Frau Beate ein. Wie war es ihr wohl heute Nacht ergangen? Hoffentlich hat sie sich keine Sorgen gemacht. Ob einer der Jungs wenigstens im Haus gewesen ist?

Das Herzrasen wird stärker, hoffentlich legt sich das gleich wieder, denkt er. Gestern erst wurde er von der Ärztin noch vor Überbelastung gewarnt. Beate hatte mal etwas von einem alten Hausmittel erwähnt, irgendwas mit **Lavendel aufs Herz**, aber er hatte ihr nicht richtig zugehört. Vielleicht sollte er sie nachher doch nochmal danach fragen.

Aber vorher musste er noch in seinem eigenen Betrieb *Elektro Friedrich* nach dem Rechten sehen. Nur ganz kurz, denn sein Körper begann nach der Tortur dieser Nacht wieder komplett zu streiken. Die Herzschmerzen und das Herzstolpern waren wieder voll da.

8:35

Der hellgraue Schein des Tagesanbruchs fällt durch das Fenster in das Schlafzimmer von Simone Kleinschmidt. Mit einem Ruck ist sie schlagartig wach. Sollte sie verschlafen haben, schoss es ihr durch den Kopf.

Wieso hat der Radiowecker nicht geklingelt? Und warum liegt Maja rechts von mir und Tom an meiner linken Seite?

Die beiden schlafen doch sonst immer in ihren eigenen Zimmern. Als sie ihre eiskalte Nase spürt, kommt so langsam die Erinnerung wieder. Der Stromausfall!

Simone war gestern in der Dunkelheit der Heckbeleuchtung des Transporters der Firma Friedrich von der Praxis aus gefolgt und so sicher bis zum Südring gekommen. Ihren Smart hat sie wie immer auf dem e-Parkplatz abgestellt, allerdings ohne ihn anzustöpseln.

Als sie sich durch das düstere Treppenhaus in den 2. Stock getastet hatte, wurde sie von Tobsy sehr stürmisch begrüßt. Der Lagotto-Pudelmischling ist mit seinen drei Jahren immer noch sehr verspielt und freut sich jedes Mal unbändig, wenn eines seiner Familienmitglieder wieder nach Hause kommt.

Der 16-jährige, pubertäre Tom lag apathisch auf seinem Bett. Es gab ja nichts zum Zocken, kein Netz, kein WLAN und der Flachbildschirm zeigte nicht mal ein Stand- geschweige denn ein Bewegtbild. Das hatte es in seinem ganzen Leben noch nicht gegeben.

Selbst während des Corona-Lockdowns gab es immer was zum Zocken, oder wenigsten was, um sich berieseln zu lassen. Aber seit dem Nachmittag und mit Einbruch der Dämmerung war einfach nichts, aber auch gar nichts mehr los! Verdammt zum Nichtstun!

Maja ist glücklicherweise zusammen mit ihrer ebenfalls 14-jährigen Freundin von der Trainerin des Karnevalsballetts Bochum Süd-West zuhause abgesetzt worden.

Familie Kleinschmidt hat sich schnell eine gläserne Auflaufform, zwei tönerne Blumentöpfe und vier Teelichter zusammengesucht und den Teelichtofen in Betrieb genommen.

Im Licht des Kerzenscheins haben sie sich ein paar Bütterchen[3] mit den leicht verderblichen Lebensmitteln aus dem Kühlschrank gemacht. Ausnahmsweise durfte auf das Wurstbrot zusätzlich noch eine Scheibe Käse oben drauf. Das war ein echter Gaumenschmaus.

Wie lange ist das her, dass sie ohne Fernsehgemurmel im Hintergrund und ohne, dass mindestens einer am Handy spielt, zusammen am Tisch gesessen und in Ruhe gegessen haben?

Da es heute früh anscheinend immer noch keinen Strom gibt, werden sie auch nicht zur Schule kommen. Ob die U-Bahnen überhaupt fahren? Draußen ist es jedenfalls verdächtig ruhig für einen Freitagmorgen, mitten in der Innenstadt.

Tobsy hat bemerkt, dass Simone schon wach ist und stupst sie an. Die Aufforderung, endlich Gassi zu gehen.

[3] Belegtes Brot

9:19

Der Südring ist fast leer und nur vereinzelt fährt ein Auto vorbei. Hund samt Frauchen schlagen den Weg in Richtung Kortumstraße ein. Alle Geschäfte sind geschlossen, wie an einem Sonntagmorgen.

Die Cafés sind auch alle zu. Selbst der Bäcker in der Nähe des Dr. Ruer-Platzes hat weder Brötchen noch Brot, und schon gar keine aktuellen Zeitungen zu verkaufen. Das Pralinencafé würde normalerweise ohnehin etwas später um 10 Uhr öffnen.

Keine Menschenseele ist zu sehen, niemand von denen, die sich normalerweise auf dem Weg zur Arbeit noch schnell was mitnehmen. Es ist einfach Totentanz.

Bei den Juwelieren und Schmuckgeschäften sind die Schutzgitter unten und die Schaufenster sind unbeleuchtet. Niemand tauscht, wie sonst um diese Zeit, die Nachtdekoration aus.

Ganz langsam fährt ein Streifenwagen durch die menschenleere Fußgängerzone. Simone winkt den beiden Polizistinnen freundlich zu. Der Streifenwagen hält an und auf der Beifahrerseite gleitet mit einem leisen Surren die Scheibe herunter. „Guten Morgen. Wo soll es denn hingehen?“

Simone Kleinschmidt schaut die beiden Polizistinnen leicht erschrocken an und antwortet etwas verdutzt: „Wir wohnen hier am Südring und machen einen Morgenspaziergang.“

„Na, dann ist ja gut“, antwortet die Jüngere der beiden. „Wir fahren hier Streife und sehen nach dem Rechten.“

Dann kommt noch eine Menge an unerwarteten Informationen hinterher: Der Stromausfall beträfe das gesamte Ruhrgebiet, das Mobilfunknetz sei auch betroffen und somit auch das Notrufsystem.

Die Feuerwehr baue Kommunikationspunkte mit Funkeinheiten auf und der nächste Kontaktpunkt würde am Hauptbahnhof installiert.

„Sie sollten besser zuhause bleiben und nur bei Tageslicht kurz das Haus verlassen. Es wird wohl ein paar Tage dauern.“

Im Gesicht von Simone zeigt sich ein ungläubiges Staunen. Mehrere Tage ... ist der Wortfetzen, der in ihrem Bewusstsein hängengeblieben ist.

„Vielen Dank für diese Informationen“, sagt sie und versucht leicht gequält zu lächeln. „Ich werde das Wochenende mit meinen Kindern schon überstehen. Aber ohne Internet und Handy wird das mit zwei Pubertierenden wohl nicht ganz so spaßig, oder?“

Die beiden Polizistinnen ergänzen: „Achten Sie auf die Lautsprecherdurchsagen, dann haben Sie die aktuellen Informationen. Wir gehen davon aus, dass es bei uns in Bochum friedlich bleiben wird.“

10:42 

Petra Schmitting steht vor der Praxistür. Auf ihr Klingeln hin rührt sich nichts und es sieht eher unbeleuchtet aus. Sie entschließt sich zu klopfen, zuerst ganz zaghaft und dann ein wenig kräftiger und lauter.

Als sie sich schon fast wieder zum Gehen umwenden will, erblickt sie einen Schatten.

Marion ist tatsächlich in der Praxis und öffnet ihr freundlich die Tür. „Hallo, Frau Schmitting. Kommen Sie kurz herein. Heute fällt bei uns die Sprechstunde aus.“ Frau Schmitting schaut Marion sehr besorgt an und fragt: „Wissen Sie, wo meine Mutter sein könnte? Ich habe sie gestern hier nicht abholen können. Und zuhause ist sie auch nicht angekommen.“

Marion lächelt und Frau Schmitting wird es ganz warm ums Herz, als sie hört, dass ihre Mutter die Nacht sicher und im Warmen im benachbarten Krankenhaus verbracht hat.

Marion lässt Frau Schmitting Platz nehmen und ruft eben über das Haustelefon an, um sich nach dem Wohlergehen der beiden älteren Herrschaften zu erkundigen. Nach einem kurzen Gespräch und dem Austausch von guten Wünschen wendet Marion sich wieder Frau Schmitting zu.

„Also, Ihrer Mutter geht es soweit gut. Sie hat Glück gehabt und hat sich bei dem Sturz eine leichte Prellung an den Rippen und eine Distorsion des Sprunggelenks zugezogen.“

Das Fragezeichen im Gesicht der Tochter ist nicht zu übersehen.

„Das heißt, sie hat sich die Bänder am Knöchel überdehnt. Wir würden ihr normalerweise ein Rezept für Rescue-Tropfen ausstellen, aber einerseits können wir momentan gar nicht drucken und andererseits haben die Apotheken ohnehin nicht geöffnet“.

Das Gesicht von Frau Schmitting hellt sich auf: „Das macht nichts.“ Sie kramt kurz in ihrer Handtasche und zieht stolz ein kleines Fläschchen mit Globuli heraus. „Rescue D6. Die hab ich immer dabei. Was meinen Sie, wie oft ich die schon gebraucht habe. Gerade in der letzten Nacht.“

Sie hat sich selber immer wieder beruhigen müssen. Mental hat sie mit ihrer Mutter Kontakt aufgenommen. Tief in ihrem Herzen war das sichere Gefühl da, dass es Mutter gut geht. Und das bestätigte sich ja jetzt gerade auch.

„Prima, dann sind Sie ja immer bestens vorbereitet", sagt Marion anerkennend.

„Es gibt da noch eine Bitte. Würden Sie so gut sein und einen weiteren Patienten mitnehmen und zuhause absetzen können? Er wohnt ganz in der Nähe von Ihnen, am Glockengarten."

„Das dürfte jetzt bei Tageslicht keine größere Herausforderung sein."

Frau Kleinschmidt verabschiedet sich von Marion mit einem fröhlichen „Bis bald", biegt mit ihren 64 Jahren relativ schwungvoll um die Ecke und holt ihre Mutter und Herrn Abramovic ab.

12:53

Team-Meeting in der Praxis. Im großen Sprechzimmer haben der Professor und die beiden Ärztinnen zuerst eine lange Lagebesprechung abgehalten und dabei alle möglichen Szenarien durchgespielt.

Eine große Frage blieb dabei jedoch unbeantwortet. Wieso hängen wir nicht mit an der Notstromversorgung? Die Klinikleitung hat keine plausible Erklärung dafür.

Der Plan war, heute die Freitagssprechstunde ausfallen zu lassen. Ohne Strom kein Herzecho und kein Zugriff auf die elektronischen Gesundheitsakten – das war klar. Und dann kommen erstmal zwei Tage Wochenende.

Wir sind alle fest davon überzeugt, dass es am Montag wieder wie immer weitergehen werde. Das bestätigten wir uns alle drei gegenseitig, obwohl inzwischen nach 21 Stunden Stromausfall die Hoffnung leicht eingetrübt erscheint.

Über die Kollegen vom Rettungsdienst war die Kunde zu uns durchgedrungen, dass das gesamte Ruhrgebiet ohne Strom sei.

Jetzt wird es sich zeigen, wie sich die Erkenntnisse aus der kürzlich absolvierten Fortbildung „Medizin mit den 7 Sinnen – Notfallmedizin in Krisenzeiten" in der Praxis niederschlagen wird.

Wir drei sind jedenfalls alle auf einem recht frischen Stand unseres Wissens. Jeder von uns ist in der Lage, mit einem **Stethoskop**, seinen Händen, etwas **Kinesiolgie** und einer großen Portion Intuition und

Berufserfahrung eine Erstversorgung sicher durchzuführen. Mit jeweils einer MFA[4] sind wir drei gut aufgestellte Teams.

Heute früh habe ich ja bereits meine Feuertaufe erlebt mit dem kleinen Anton, der inzwischen sicher in der Kinderklinik ist und dort notfallmäßig versorgt wird. Ob sich die Verdachtsdiagnose einer Schädelbasisfraktur bestätigt hat? Sicher ist nur, dass er den Transport im Family-Van gut überstanden hat. Anton hat sicherlich mehr als nur einen Schutzengel gehabt und wird vermutlich schnell wieder fit werden. Auf dem Heimweg werde ich noch kurz bei der Kinderklinik vorbeifahren und nach ihm schauen.

Als mir gerade Antons Situation durch den Kopf geht, hebt Olly, der den halben Vormittag auf einer meiner pinkfarbenen Kuscheldecken in der Ecke geschlafen hat, seinen Kopf. Er trottet zu mir herüber und legt seine Pfote auf meinen Oberschenkel. Bei dem ungewöhnlichen Tagesbeginn haben wir beide vergessen, dass jetzt dringend eine Gassi-Runde angesagt ist.

„Wir können uns ja jeweils für eine 8-Stunden-Schicht als Notarzt bei der Feuerwehr melden. Die sind über etwas Unterstützung sicherlich dankbar“, höre ich mich sagen.

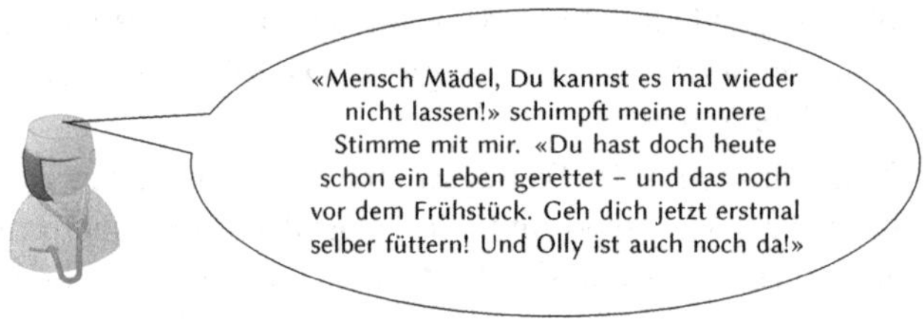

Der Professor ist da zum Glück etwas anderer Meinung. „Wir sollten lieber nach Hause fahren und zusehen, dass es in der Nachbarschaft zu keinen größeren Zwischenfällen kommt. Es kann ja niemand mehr die Feuerwehr rufen – die Mobilfunknetze sind tot und die Umstellung auf das digitale Festnetz ist jetzt nicht von Vorteil. Auch die Akkus, mit denen die Telefonverteilerkästen einen Stromausfall überbrücken können, sind ebenfalls längst leer. Und wir haben bei uns in der Straße schon ein paar kritische Fälle wohnen. Ich denke, das ist jetzt wichtiger.“

Frau Dr. Maring stimmt dem Professor zu. Aktive medizinische Nachbarschaftshilfe ist ein super Plan. Wir sollten dies der Feuerwehr und dem Krisenstab der Stadt Bochum noch mitteilen.

[4] Medizinische Fachangestellte

Untereinander haben wir die Möglichkeit, über **Walkie-Talkies** zu kommunizieren. Die haben wir extra angeschafft und bereits ausprobiert. Marion wohnt so zentral, dass sie als Knotenpunkt alle anderen aus unserem Team im Umkreis von rund 600 m erreichen kann.

„Das ist ein guter Plan!“ In Gedanken gehe ich schnell meine **Hausbesuchstasche** durch. „Habt ihr eure **homöopathischen Notfallapotheken** auch in der Arzttasche?“

„Gut, dass du es sagst, ja, die sollte unbedingt mit rein“, sagen die beiden wie aus einem Munde.

„Gut, dann besprecht das doch bitte mit dem Team. Olly und ich gehen mal eben eine Runde im Park drehen.“

13:45

Als Olly und ich wieder zurückkommen, ist alles bereits besprochen. Das Team hat sich nach Wohnortnähe jeweils einem von uns drei Ärzten zugeordnet.

Frau Sönnchen, unsere MFA mit der längsten Berufserfahrung, und unsere neue Auszubildende Alina wohnen in der Nähe von Frau Dr. Maring. Andrina mit ihrer Familie wohnt in der Nähe vom Professor und Solveig mit ihrem Mann ganz unmittelbar in meiner Nachbarschaft. Das Walkie-Talkie-basierte Funk-Netzwerk, mit Marion als Knotenpunkt, steht ebenfalls.

Jeder packt sich noch Desinfektionsmittel und ein extra Paket Handschuhe in das Auto. Vorsichtshalber hat Marion noch in jede Arzttasche drei Formularsätze *Todesbescheinigung* eingepackt. Wer die dabei hat, braucht sie nicht – war ihr aufmunternder Kommentar.

14:17

Auf dem Weg zur Kinderklinik ist auf den Straßen noch immer sehr wenig los. Mir fällt heute besonders auf, dass die Fahrzeuge der Paketzusteller komplett fehlen, weder blockieren die gelben, noch die anders farbigen Lieferwagen den fließenden Verkehr.

Kein Wunder, die Frachtverteilzentren sind ja auch alle komplett digitalisiert. Da geht nichts mehr rein und nichts mehr raus und die Pakete werden sich dort gerade ganz schön stapeln, denke ich.

Da fällt mir ein, dass das Geburtstagsgeschenk für Markus gestern hätte geliefert werden sollen. Über die App kann ich natürlich nicht mehr nachverfolgen, ob es vielleicht noch vor dem Stromausfall bei einem Nachbarn abgegeben wurde. Normalerweise werden die Sendungen bei Ron abgeladen, wenn bei uns niemand zuhause ist.

Vor der Kinderklinik finde ich sofort einen freien Parkplatz. „Olly bleib. Ich gehe kurz nach Anton schauen." Er schaut kurz auf und legt sich im Kofferraum direkt wieder hin. Die Kuscheldecke liegt im Auto und ich gehe davon aus, schnell wieder zurück zu sein, damit es für Olly nicht zu kalt wird.

Im Eingangsbereich der Kinderklinik wartet eine lange Schlange mit Müttern und Vätern, die ihre Kinder auf dem Arm haben. Sie haben zum Teil hochrote, fiebernde Gesichter oder liegen weinend im Kinderwagen. Einige wenige hängen schlafend, den Kopf auf Mamas oder Papas Schulter liegend, mit herabhängenden Armen und baumelnden Beinchen an ihren Eltern.

Diese Eltern haben sich direkt auf den Weg ins nächstgelegene Krankenhaus begeben. Die kassenärztliche Notrufnummer funktioniert ja nicht und die Kinderarztpraxen samt der Apotheken sind ohne Strom ebenfalls weitgehend handlungsunfähig.

Das gesamte Krankenhauspersonal ist mit dem Ansturm schlicht überfordert. Verstärkung gibt es kaum, da nicht alle Mitarbeiter pünktlich ihren Dienst angetreten haben. Immerhin ist es hier hell und warm, das Computersystem funktioniert ebenfalls noch.

Ich kenne den Weg und gehe an den Wartenden langsam, aber bestimmt vorbei. Die Notaufnahme liegt hinten am Ende des langen Flures auf der rechten Seite. Der Wartebereich ist ebenfalls überfüllt. Einige sitzen auf ihren zusammengefalteten Winterjacken auf dem Boden und haben ihre kleinen Kinder auf dem Schoß.

Es ist aber anders als sonst. Es wird weder rumgerannt, noch getobt und auch die Eltern sind ganz anders drauf. Es wird nicht gedrängelt und genörgelt, wann man denn endlich dran sei. Sie alle haben eine lange Nacht ohne Strom und Wasser hinter sich und sind ein Stück weit demütig geworden. Letztendlich ist das für fast alle eine ganz neue Erfahrung.

Einige wenige Eltern, die bereits einschlägige Erfahrungen in einem *Entwicklungsland* sammeln durften, sind dagegen völlig tiefenentspannt.

Für sie ist dies nur ein Déjà-vu alter, vertrauter Abläufe – nur in der ungewohnten Umgebung einer hochentwickelten Industrienation.

Einen längerfristigen Stromausfall in dieser Größenordnung hat es im Ruhrgebiet, soweit ich mich erinnern kann, noch nie gegeben. Selbst als das Sturmtief Ela Pfingsten 2014 über die Region fegte, war die Stromversorgung sicher und nur punktuell gestört.

Die meisten sind froh, dass sie hier im Warmen sitzen und haben angefangen, miteinander zu sprechen. Sie teilen ihre Eindrücke und Erfahrungen, geben sich gegenseitig wertvolle Tipps. Das wirkt beruhigend und verströmt Zuversicht.

Ich sehe Martin, meinen Kollegen und Oberarzt, der gut drei Meter vor mir den Weg kreuzt. Mit drei langen schnellen Schritten bin ich bei ihm. Martin erkennt mich und ein kleines Lächeln huscht über sein müdes, unrasiertes Gesicht. Ich nehme seine Geschwindigkeit auf und im Gehen tauschen wir uns kurz aus.

„Es ist die Hölle hier, Doctora. Wir haben unzählige Bagatellfälle abzuarbeiten. Dazu kommen noch die echten Notfälle. Und die Infrastruktur im Haus funktioniert nicht mehr richtig, die Elektro-Transporter fahren nicht."

Na logisch, die Batterien konnten in der Nacht nicht geladen werden, da die Ladegeräte nicht am Notstromversorgungskreis hängen. Das hat der Vorstand vor 10 Jahren so beschlossen, erinnere ich mich dunkel. Damals hat man eine derartige Krise für undenkbar gehalten. „Was aber noch viel schlimmer ist: Es gibt fast keine Verbandsmaterialien und keine Medikamente mehr aus der Apotheke. Unser Vorräte sind in Kürze komplett leer und aufgebraucht!"

Ich denke an die limitierten Ressourcen in den Notaufnahmen zahlreicher lateinamerikanischer Kliniken. War dort das Verbandsmaterial aufgebraucht, konnte man keine Verbände mehr machen. Es sei denn, der Patient hat selber Verbandsmaterial mitgebracht. So weit waren wir also schon nach 24 Stunden. Damit habe selbst ich nicht gerechnet.

„Martin, an was mangelt es am meisten?", frage ich nach.
„Wir haben keinen Saft für die Kleinkinder zum Fiebersenken. Die anderen Antipyretika gehen auch zur Neige. Und die Antibiosen auf den Intensivstationen reichen gerade noch bis morgen früh."

Martin und ich kennen uns noch aus Studienzeiten. Wir haben uns damals im studentischen Arbeitskreis Homöopathie kennengelernt. Wie lange mochte das schon her sein? Wir haben 2010 Staatsexamen gemacht. Und das war noch vor dem PJ (Praktischen Jahr), also 2007 etwa.

Martin hat sich dann ganz der konventionellen Medizin verschrieben, ist Oberarzt geworden und heute stellvertretender Direktor der Kinderklinik.

Ich war schon immer doppelgleisig in beiden Medizinwelten unterwegs. Als Allgemeinmedizinerin und Homöopathin habe ich den Bezug zur universitären Medizin nie ganz verloren und wir haben gemeinsam ein stabiles, fächerübergreifendes, gut aufgestelltes Netzwerk.

„Martin, kannst du dich noch an unseren studentischen **Homöopathie**-Workshop zu den **Fieber- und Verletzungsmitteln** erinnern?"

Martin bleibt wie angewurzelt stehen. Mit der flachen Hand schlägt er sich auf seine Stirn, man könnte meinen, wie im Comic den Geistesblitz über seinem Kopf aufleuchten zu sehen.

„Doctora, du hast recht. Wir haben sehr wohl noch was in der Hinterhand!" Seine mittelgroße Hausapotheke liegt in seinem Schreibtisch in der mittleren Schublade und ist in den letzten Jahren eher selten zum Einsatz gekommen. „Ob in der Apotheke noch jemand in der Lage ist, nach dem **HAB**[5] zu potenzieren?"

Diese Frage kann ich als ehemalige Mitarbeiterin nicht sicher beantworten.

Dafür gibt es eine andere, pragmatische Lösung. „Martin, bis das geklärt ist, kannst du zum Beispiel 1 Gobulus C 30 in einen Liter stilles Wasser geben und selber potenzieren. Die Fieberkinder mit dem hochroten Kopf bekommen dann alle 30 Minuten je nach Größe und Gewicht ein paar Milliliter oral verabreicht."

In diesem Zusammenhang fallen uns noch zwei weitere wertvolle alte Hausmittel zum Fiebersenken ein. Der gute alte **Wadenwickel**, der bei warmen Füßen gut eingesetzt werden kann. Und der inzwischen fast schon historische **Einlauf**, der völlig aus der Mode gekommen ist. Der schafft es, mittels Darmentleerung die Körperkerntemperatur um 1 Grad abzusenken. Damit lässt sich ein Kind schnell von 40 Grad auf 39 Grad herunterkühlen und so aus der Fieberkrise holen.

Im universitären Kontext sind Komplementärmedizin und Naturheilkunde genauso zu kurz gekommen wie die Weitergabe des alten Wissens von Generation zu Generation in den Familien.

[5] Homöopathisches Arzneibuch

„Martin, die Kopierer funktionieren noch?“ Die Kurzanleitung für Wadenwickel und Einläufe zum Fiebersenken habe ich immer in meiner Arzttasche. „Solange das Papier reicht – schon.“ „Gut, dann hole ich dir gleich die Kopiervorlage aus dem Auto.“ Dieses Problem ist somit leicht zu lösen.

„Habt ihr auch noch kritische Kinder auf der Intensivstation?“ Martin schaut mich mit sehr besorgtem Blick an. „Ja, fünf. Hast du da auch noch einen guten Vorschlag?“

Bevor ich antworte, möchte ich gerne noch wissen, wie es Anton geht. Wir setzen uns in Bewegung und gehen kurz auf die Intensivstation.

Alle sechs Betten sind belegt. Anton liegt jetzt im eben noch letzten freien Bett. Er ist am Monitor angeschlossen und atmet selbstständig. Sein rechtes Bein liegt in einer Gipsschale und eine Drainage hängt seitlich an seinem Kinderbett.

Martin erklärt mit knappen Worten, dass die Notfallversorgung abgeschlossen sei. „Anton hat großes Glück gehabt. Eine Schädelbasisfraktur konnte ausgeschlossen werden. Die Blutung aus dem Ohr war eine oberflächliche Schleimhautverletzung im Gehörgang, durch einen Fremdkörper verursacht. Sein Bein ist unterhalb des Tibiakopfes glatt frakturiert. Es ist schon operativ verplattet.“ Anton ist jetzt nur noch hier und an der Überwachung, um die Reste der Narkose auszuschlafen.

Der Aufwachraum ist wegen des hohen Patientenaufkommens übervoll. Es wird gerade alles an Notfallversorgung durchgeführt, was geht. Die Notfallpläne sind erstmalig aktiviert worden. Die OP-Säle sind im Dauerbetrieb und die Chirurgen geben sich quasi das Skalpell in die Hand.

„Doctora“, Martins Stimme senkt sich fast zu einem Flüstern. Ich muss mein Ohr in seine Richtung drehen, um ihn noch zu verstehen. „Wir haben jetzt, nach 24 Stunden, noch Notstrom. Aber der Krisenstab der Klinik hat angedeutet, dass nach 72 Stunden auch hier die Lichter ausgehen könnten. Es bleiben uns im schlimmsten Fall noch zwei Tage. Unter diesen Bedingungen könnte es zumindest für die fünf anderen Kinder auf der Intensivstation extrem kritisch werden.“ Ich überlege, welche Mittel ich Martin noch empfehlen kann.

„Können wir Anton morgen früh abholen und zuhause weiter versorgen?“ Martin denkt laut: „Noch lieber wäre mir, ich hätte gleich wieder ein Intensivbett frei. Wir werden Anton nachher auf die Normalstation verlegen. Morgen, nach der Wundkontrolle um 9 Uhr, kannst du ihn dann abholen."

Schnell streichele ich dem schlafenden Anton noch sanft über den Kopf. „Schlaf dich gut aus, morgen bist du wieder zuhause."

15:12

Olly ist froh, dass ich endlich wieder da bin. Anscheinend ist dem Hund schon ein wenig kalt geworden, denn er hat sich quasi die pinkfarbene Decke über sein dunkles glattes Fell gezogen, sodass nur noch Ohren und Schnauze zu sehen sind.

„Olly noch 5 Minuten, dann geht es weiter." Mit einem schnellen sicheren Griff ziehe ich die Kopiervorlagen aus der Hausbesuchsmappe und mit langen Schritten gehe ich zügig zurück. Martins Sekretärin sitzt im hellerleuchteten warmen Vorzimmer. Frau Ekincy freut sich, mich wiederzusehen und bietet mir einen ihrer unvergleichlichen Espressos an.

Ich nehme mir diese zwei Minuten, mit einem etwas schlechten Gewissen. Im Stehen an den Türrahmen gelehnt, schaue ich zu, wie sie geschickt die italienische Siebträgermaschine in Gang setzt.

Ich nutze die Zeit, während ich den heißen, schwarzen Espresso genieße, um ihr kurz zu erklären, was sie mit der Anleitung für die fiebersenkenden Hausmittel machen soll. Für die Stationen und die Notaufnahmeräume jeweils ein Exemplar auf A3 ausdrucken und laminieren. Für die Eltern als Handzettel, doppelseitig bedruckt im Postkartenformat zum Mitgeben.

Wir verabschieden uns herzlich und verabreden uns, beim nächsten Mal einen Espresso mit mehr Zeit und Ruhe zu trinken. Als ich die Kinderklinik verlasse, überlege ich kurz, wann dies wohl sein wird.

15:20

Im Auto angekommen, schalte ich den Motor an und mache es sofort warm für Olly. Ich bin erneut dankbar für mein zuverlässiges, altes Auto und genieße ebenfalls die wohlige Wärme, die aus dem Lüftungsgitter ins Auto bläst.

Es dämmert bereits, als wir die Auffahrt zum Ruhrschnellweg nehmen. Ich schalte das Autoradio ein. Zu meiner großen Überraschung ist nicht nur ein Knistern zu hören.

„Es ist 15 Uhr 30. Wir unterbrechen die Sondersendung für die aktuellen Nachrichten“ – kommt es mit einer mir unbekannten, sanften und doch dominant und zugleich beruhigend wirkenden Männerstimme aus dem Lautsprecher.

„Radio Bochum. Der Stromausfall in unserer Region dauert jetzt bereits 24 Stunden an. Die Feuerwehr hat in jedem Stadtteil auf den Marktplätzen Meldestationen eingerichtet. Im Notfall können Sie dort direkt Hilfe anfordern. Bitte bewahren Sie Ruhe und bleiben möglichst in Ihren Wohnungen und Häusern. Wir versorgen Sie mit den aktuellen Nachrichten. Radio Bochum“.

Als nächstes folgt eine kurzes Statement des Oberbürgermeisters. Er bittet darum, auch weiterhin Ruhe und Geduld aufzubringen. Es sei schon eine sehr große Leistung, dass es bei uns bisher so friedlich und besonnen zuginge. Die Feuerwehr, Polizei und die technischen Hilfskräfte seien rund um die Uhr im Einsatz. Alle Fahrgäste seien sicher aus den U-Bahnen befreit worden. Aktuell sei man dabei, die Menschen aus den steckengebliebenen Aufzügen zu befreien. Jeder möge sich auch um seine Nachbarn kümmern und aktiv Kontakt aufnehmen. „Wenn wir Bochumer jetzt zusammenhalten, kommen wir gemeinsam gut durch diese Krisenzeit.“

Oha, das sind aber sehr vage Durchhalteparolen. Wie schlimm mag es dann in den Nachbarstädten wie Essen, Gelsenkirchen oder Dortmund sein? Ob da auch noch alles so friedlich abläuft?

Ich denke ganz liebevoll an Markus. Sollte er nicht heute in Rom seinen Vortrag halten? Unsere Gedanken kreuzen sich und mein Herz beginnt wieder, einen schnelleren Takt zu schlagen. Ich spüre seine Liebe und Verbundenheit. Es ist alles okay. Dennoch hätte ich Ihn lieber jetzt hier in meiner Nähe.

15:42

Plötzlich sehe ich, wie beim Fahrzeug vor mir die Warnblinkanlage angeschaltet wird. Ich komme sofort auf dem linken Fahrstreifen ganz außen zu stehen. Eine Rettungsgasse zu bilden ist mir seit meiner Zeit als Notärztin so in Fleisch und Blut übergegangen, dass ich da überhaupt nicht mehr drüber nachdenken muss.

Der Verkehr ist auf allen drei Spuren zum Stillstand gekommen. Da ich zum Helfen verpflichtet bin, ziehe ich meine pinkfarbene Warnweste mit der Aufschrift „ÄRZTIN" über.

„Olly bleib. Ich bin sofort wieder zurück." Er schaut mich fast mitleidig an, dass ich schon wieder raus in die Kälte muss und kuschelt sich direkt wieder in die pinkfarbene Decke ein.

Diesmal habe ich erst meine Handytaschenlampe aktiviert, bevor die kalten Finger vom Display wieder nicht erkannt werden. Es ist dämmerig und dunkelgrau und eine kühle Brise fährt mir durch meine hochgesteckten Haare, als ich aussteige. Vorsichtige gehe ich an der Leitplanke entlang.

Drei Autolängen vor mir steht ein unbeleuchtetes E-Auto. Das Auto hat keine sichtbaren Karosserieschäden, es scheint also keinen Unfall gegeben zu haben.

Die Fahrerin versucht, sich bemerkbar zu machen – wirkt wach und ansprechbar. Sie sucht mit einem verzweifelt Blick nach Hilfe und gestikuliert. Es stellt sich raus, dass der Akku sich komplett entladen hat. Die Türen lassen sich nicht mehr öffnen. Gefangen im eigenen Auto.

Normalerweise ist das kein Problem: Einfach die Feuerwehr rufen oder den ADAC, oder online im elektronischen Handbuch nachlesen. Wie gut, dass mein altes Schätzchen noch ein gedrucktes Handbuch im Seitenfach der Beifahrertüre hat.

Es müsste doch eine Notfallentriegelung geben? Ich versuche, die Türe von außen zu öffnen. Weder die Fahrertüre noch die Beifahrerseite bewegen sich auch nur einen Millimeter. Mechanische Fensterheber? Fehlanzeige. Die Kofferraumklappe hält ebenfalls dicht.

In der Zwischenzeit haben sich viele schlaue Ersthelfer eingefunden. Die Männer allesamt hochmotiviert, diese Frau aus ihrer misslichen Lage zu retten.

„Fährt hier noch jemand ein E-Auto?", frage ich mit lauter, fester Stimme in die Runde. Ein kleinerer, jüngerer Mann, so geschätzt Anfang 30, drängelt sich durch. „Fahren Sie ein E-Auto?"

Es schüttelt lachend seinen Kopf: „Nee, so'n Quatsch mach ich nicht. Abba ich hab da mal als Student für jearbeitet." Es gibt immer eine Notfallentriegelung für die Türen, ganz in der Nähe der Elektronik im inneren Türgriff.

Er zeigt der Fahrerin, wo sie kraftvoll nach oben ziehen soll. Nach dem dritten Versuch mit beiden Händen gibt die Verriegelung mit einem hörbaren „KLICK“ nach und die Tür lässt sich öffnen. Sichtbar erleichtert steigt die zierliche Frau mittleren Alters aus und bedankt sich. „Danke. Was bin ich froh, da raus zu sein aus dem gläsernen Elektrosarg. Mein Chef hat mir dieses Teil als Dienstwagen auf´s Auge gedrückt. Oh, mein Gott, bin ich froh, datt weiter nichts passiert iss“, sprudelt es aus Anita Gebhard heraus.

Doch das kleine E-Auto blockiert unbeleuchtet die linke Fahrspur. Ein freundlicher, großer Mann mit einem karierten Flanellhemd unter seinem Parka kommt auf uns zu. „Ich habe einen Geländewagen, damit kann ich den kleinen hier auf den Seitenstreifen ziehen.“

Das ist mal ein guter und pragmatischer Ansatz. Die Fahrer der beiden Autos vor mir sind echt auf Zack. Sie sperren auf der Höhe meines Wagens die mittlere und die rechte Spur ab und erklären den Fahrern, dass die Sperrung in wenigen Minuten wieder aufgehoben wird.

Der Geländewagen stellt sich vor das kleine E-Auto, fährt die Seilwinde aus und hakt den Abschlepphaken ein. Da sich nichts mehr bewegt ohne Batterie, zieht er das Verkehrshindernis langsam und vorsichtig auf den Seitenstreifen. Das Geräusch der blockierten Reifen – Gummi auf Asphalt – hört sich nicht besonders schön an in der Dämmerung. Schnell wird noch das Warndreieck aufgestellt.

Wir klären noch kurz ab, wo Anita Gebhard hin muss. Nach Bochum-Gerthe. Der Fahrer des Geländewagens stellt sich als Günther vor und muss ebenfalls in diese Richtung. Wir verabschieden uns alle freundlich voneinander und wünschen uns gegenseitig, dass es bald wieder „Normal“ wird.

Der kleine Stau löst sich rasch auf und Olly ist erleichtert. Er will endlich nach Hause, kurz um den Block, was fressen und dann in sein eigenes Hundebett.

16:55

Mittlerweile ist es genauso dunkel wie gestern, kein Wunder, ist auch die gleiche Zeit. Ich bin froh, sicher zuhause angekommen zu sein und stelle mein Auto in seinem Häuschen ab. Der Tank ist immer noch zu mehr als $^3/_4$ voll.

Der Akku meines Handy zeigt 100 % – prima. Ich greife meine Tasche und schließe die Fahrertür ab. Die Innenbeleuchtung des Autos weist mir den Weg bis zur Haustür, bevor sie automatisch erlischt. Ich stelle nur schnell meine Tasche auf der alten Truhe ab und greife mir die Taschenlampe.

Olly und ich gehen eine kleine Runde um den Block. Irgendwie sind wir beide ein bisschen müde von den vielen Eindrücken des Tages.

17:35

Der Rückweg führt uns zum Haus von Familie Sundermann. Es ist schon wieder dunkel – wie heute früh. Nur Olly bleibt ganz ruhig, als wir die Einfahrt in Richtung Eingang nehmen. Es fällt ein blasser Schein aus dem Küchenfenster.

Es gibt immer noch keinen Türklopfer, denke ich grinsend, den hätte Ron doch mal eben organisieren können. Mit der Taschenlampe klopfe ich beherzt an die Holztüre.

Von innen höre ich Paul ganz aufgeregt rufen: „Mama, Haustür!“ Sonja kommt und öffnet uns. „Wie schön, dass du es bist. Komm rein. Wir haben gerade das Abendessen vorbereitet. Du kannst gerne mit uns essen“. Das klingt verlockend. Sitzen und was Warmes essen und trinken. Wundervoll.

Ich setze mich auf den Korbsessel, in dem ein dickes Schaffell liegt. Olly wird sofort von Paul bekuschelt und man könnte meinen, er sei noch nie in seinem Leben wirklich gestreichelt worden.

Josy kommt vorsichtig zu mir getapst und will auf meinen Schoß. „Komm her Prinzessin Josy – und hopp“. Ich nehme sie auf den Arm und wiege sie sanft ein wenig hin und her. Das genießt sie immer sehr und ich auch ein wenig.

Ron hatte sich zum Glück in den letzten Monaten auf eine derartige Krise ein wenig vorbereitet, auch wenn das seine Frau eher lächerlich fand. Jetzt kommt der Zweiflammenherd mit der großen Gasflasche richtig gut zum Einsatz. Sonja ist insgeheim schon mächtig stolz auf ihren Mann, ohne dass sie es ihm gegenüber zugeben wollen würde.

Auf dem Tisch stehen zwei große Kerzenleuchter mit jeweils drei Tafelkerzen und verbreiten einen warmen Schein. Der blanke Holztisch ist wie immer liebevoll gedeckt. Als Sonja den großen Topf mit Spaghetti und Tomatensauce auf die Untersetzer stellt, überkommt alle der große Hunger. Ich setze Josy in den Hochstuhl und binde ihr ein Lätzchen um.

Die Nudeln dampfen mit der Tomatensauce auf den tiefen Tellern. Es gibt sogar noch frischen Parmesan zum drüber reiben. Köstlich!

Mir fällt auf, dass es sogar im Wohn-Esszimmer angenehm warm ist. Der Kaminofen flackert in der Ecke und verbreitet seine wohlige Wärme.

Doch zuerst noch das Tischgebet. Alle reichen sich die Hände und Paul sagt: „Piep, piep, piep – wir haben uns alle lieb. Guuuten Appetiiiiiiit." Josy klatscht vor Begeisterung in ihre kleinen Patschehändchen. Und schon breitet sich so etwas aus, was man eine gefräßige Stille nennen könnte.

Nachdem ich die erste Spaghetti mit Gabel und Löffel aufgedreht und genüsslich verspeist habe, wird klar, dass ich gleich über den Zustand von Anton berichten sollte.

„MMhhh, köstlich." Meine Lebensgeister kehren jetzt langsam wieder zurück und die Müdigkeit weicht dem Wohlgefühl von Nähe. Es war bisher schon ein bemerkenswerter und erlebnisdichter Tag, würde Markus sagen, wenn er jetzt auch hier wäre.

„Also", setze ich an, „eben war ich noch im Krankenhaus bei Anton." Sonja und Ron blickten gleichzeitig auf und ließen vor Anspannung ihre Gabeln in der Luft stehen. Man hört nur noch die kleine Josy munter vor sich hin schmatzen.

„Ich kann euch beruhigen und Entwarnung geben. Anton geht es relativ gut. Er hat riesig großes Glück gehabt. Es haben sich mindestens eine kleine Horde von Schutzengeln unter ihm die Flügel zerknautscht, um ihn so gut abzufangen!"

Sonja lässt ihre Gabel auf den Teller sinken und dann sich selber an die Stuhllehne zurückfallen. Ron atmet tief durch, will wissen, was er jetzt genau hat. Schließlich war er bei der dramatischen Erstversorgung von Anton heute Morgen live dabei und aktiv beteiligt.

Ich berichte, was mein sehr geschätzter Kollege und Oberarzt PD Dr. med. Martin Becker als stellvertretender Klinikdirektor über die Erstversorgung berichtet hat. Sowie über die professionell durchgeführte Versorgung von seinem Unterschenkel, der mit Platten und Schrauben fachgerecht stabilisiert worden ist.

Die gute Nachricht, dass wir ihn morgen früh gegen 9 Uhr schon abholen können, kommt zum guten Schluss. Paul hat das wohl verstanden und ruft „Anton holen. Anton holen." Er scheint seinen großen Bruder heute schon ziemlich vermisst zu haben.

Abschließend erwähne ich noch kurz die Nachrichten aus dem Autoradio und dem möglicherweise drohenden Kollaps der Notstromversorgung in der Klinik.

Ron geht in die Küche und zaubert mit der alten, achteckigen italienischen Espressokanne noch einen starken Mokka. Schwarz und mit etwas Roh-Rohrzucker – welch ein köstlicher Abschluss.

Dann wechseln sich die beiden ab mit den Neuigkeiten aus unserer Straße und dem Wohnviertel.

Bisher ist hier alles, von Antons Unfall mal abgesehen, ganz ruhig verlaufen. In der ersten dunklen Nacht und heute über Tag haben sich keine schweren Schäden gezeigt oder anderweitige Unfälle ereignet.

Unsere älteren Nachbarn haben ihren erwachsenen Enkel zu Besuch und der sorgt dafür, dass der Kamin gut befeuert wird.

Der kleine Supermarkt, zwei Straßen weiter, hätte heute geöffnet gehabt. Über die Tür am Lieferanteneingang wurde angetaute Tiefkühlkost verschenkt. Und die anderen Lebensmittel, wie Wurst und Käse aus der Kühlung, gab es zum halben Preis. Die nicht verderblichen Waren wie Nudeln, Mehl, Konserven und Getränke konnten in den üblichen Mengen gekauft werden. Die Bezahlung erfolgte nur mit Bargeld, irgendwie logisch. Und der Filialleiter hatte großzügig zugunsten seiner Kunden abgerundet.

Da hier in unserem Viertel jeder jeden kennt, wurden für die älteren und nicht so mobilen Bewohner jeweils eine Kühltüte voll gepackt und von den Nachbarn mitgenommen.

„Läuft", dachte ich. Wenn das so gut weitergeht, dann kommen wir hier alle zusammen gut durch.

Ich merke, wie ich jetzt echt müde geworden bin. „Danke ihr Lieben. Wenn was ist, kommt rüber und klopft an. Ich habe ein Funknetz mit den Kollegen."

„Wird schon nichts sein." sagte Sonja.

„Dann bis morgen früh und eine gute Nacht euch allen!" Es gibt noch eine Umarmung für jeden und danach trotten Olly und ich die dunkle Straße lang.

19:08

Endlich zuhause

Olly bekommt noch sein Futter und frisches Wasser aus unserem Wasservorrat.

Über das Walkie-Talkie melde ich mich kurz bei Marion. „Doctora hier. Bei mir ist alles okay. Roger." Es knackt kurz und dann meldet sich

Marion: „Super. Bisher ist alles ruhig. Roger." Muss ich mich noch abmelden? „Gehe jetzt erstmal schlafen. Gute Nacht. Roger."

„Gute Nacht Doctora. Roger." Es knackt noch einmal und dann ist wieder Ruhe. Ich lege das Walkie-Talkie vorsichtshalber auf den Nachttisch – nur so ein Bauchgefühl.

Ich putz mir noch rasch die Zähne und nach einer „Katzenwäsche" falle ich gleich ins Bett.

Da wir den ganzen Tag nicht zuhause waren, sind die Räume mit 14 Grad etwas frisch. Aus der unteren Schublade der Kommode nehme ich mir noch eine weiche Wollmütze, damit mein Kopf in der Nacht nicht so sehr auskühlt. Das große Lammfell ziehe ich mir unter der Bettdecke hoch bis an die Schultern. Drehe mich auf die Seite, rolle mich ein und schicke noch einmal mental meine Liebe an Markus.

Dabei lass ich die Bilder des Tages vor dem inneren Auge Revue passieren – Antons Notfallversorgung – Praxisbesprechung – der Besuch in der überfüllten Kinderklinik – das E-Auto auf der Autobahn und das wunderbare Abendessen als krönender Abschluss bei den Sundermanns. Danke. Es ist alles gut mein Schatz. Gute Nacht.

20:15

Markus ist nicht mehr in Rom, sondern in Florenz, als er auf dem Fernsehbildschirm im Hotel aus den Augenwinkeln den Nachrichten-Ticker wahrnimmt:

+++ **Blackout in Germania - da più di 24 ore - la Rhenania duramente colpita** +++
STROMAUSFALL IN DEUTSCHLAND – SEIT MEHR ALS 24 STUNDEN – RUHRGEBIET SCHWER BETROFFEN

Er greift reflektorisch zu seinem Handy und wählt die Nummer seiner Frau. Keine Verbindung, kein Signal, die Leitung bleibt einfach tot. Das erklärt, warum er ungewöhnlicherweise keine Antwort auf seinen Morgengruß erhalten hat.

Markus legt sich auf das Hotelbett, schließt seine Augen und denkt ganz intensiv an seine Doctora. Die Liebe ihrer Herzen verbindet sich und er spürt, dass bei ihr alles in Ordnung ist. Schlaf gut meine Liebe, und er schickt noch einen leidenschaftlichen Kuss hinterher.

Dritter Tag ohne

Samstag – Ein Tag mit neuen Aufgaben

04:47

In den frühen Morgenstunden klopft es laut und heftig beim Professor an der Haustür. Seine Frau Andrea rüttelt ihn sanft an der Schulter: „Unten ist jemand. Kannst du mal nachsehen?" Es ist stockdunkel. Kein Hinweis darauf, dass der Strom schon zurückgekommen wäre.
Der Professor schlägt schlaftrunken seine Decke zurück, schlüpft in die ordentlich vor dem Bett abgestellten Hausschuhe, greift sich die große Taschenlampe vom Nachttisch und geht zwei Schritte bis zum Kleiderhaken. Der lange, dicke, längsgestreifte Bademantel aus Frottee isoliert gut über dem Schlafanzug aus Winterflanell.

Die große, schwere Taschenlampe in der Hand verbreitet nicht nur einen starken Lichtkegel, sondern würde im Zweifelsfall auch einen Schlagstock ersetzen können, wenn man sich wirklich mal verteidigen müsste.

Das Klopfen an der Tür wird heftiger, als wäre es um diese Zeit echt dringend und wichtig.

Durch den teilmattierten Glaseinsatz dringt der Schein des Lichtkegels nach außen. Mit einem Schwung öffnet der Professor die Haustür und vor ihm steht der kleine Jonas von gegenüber. Er ist ganz alleine im Dunkeln mit einer kleinen Teelichtlaterne über die Straße gelaufen. Jonas ist das einzige Kind von Birgit und Thomas Obermeier, die seit zwei Jahren in dem von Efeu umrankten Einfamilienhaus schräg gegenüber wohnen. Birgit und Thomas betreiben einen Fachhandel für Sanitär- und Heizungsbau und sind viel unterwegs.

Jonas ist mit seinen 12 Jahren sehr selbstständig, aber jetzt ist er ganz aufgeregt und verfällt in seinen leichten fränkischen Dialekt. „Professor, die Mutter schickt mi'. Dem Vatter geht es nit so guat. Ich soll di rasch hol´n. Er broacht einen Doktor hett die Mutter g´meint."

„Okay, Jonas. Komm kurz rein." Er schließt schnell die Haustür, da es ziemlich kalt herein kommt. „Ich ziehe mir gerade noch was über und hole meine Arzttasche."

Mit schnellen Schritten, immer zwei Stufen auf einmal nehmend, ist der Professor wieder oben im Schlafzimmer. Er springt schnell in seine Kleidung vom Vortag, greift sich das Walkie-Talkie und seine Arzttasche für Hausbesuche.

„Andrea, ich bin mal eben zum Hausbesuch bei Obermeiers. Dem Thomas scheint es nicht gut zugehen. Bis gleich." Er haucht ihr noch einen Kuss auf die Stirn und ist wie der Blitz wieder unten bei Jonas.

„Dann leuchte mir mal den Weg, Jonas." Der Professor legt schützend seine Hand auf Jonas Schulter und die beiden gehen schnellen Schrittes über die Straße.

Die Haustür ist nur angelehnt. „Der Vatter ist oben im Schlafzimmer." Die Holztreppe knarrt auf der dritten und auf der fünften Stufe und kündigt so an, dass sie gleich oben sein werden.

„Wir sind hier", hören sie Birgit schon vom Schlafzimmer aus rufen.

Als sie das Schlafzimmer betreten, sitzt Thomas auf der Bettkante, die Hände auf die Knie gestützt. Er atmet schwer. Im Schein der Taschenlampe glänzt der Schweiß wie kleine silberne Perlen auf seiner Stirn.

Birgit sitzt links neben Thomas und hat beruhigend ihre Hand auf seinen Rücken zwischen seine Schulterblätter gelegt. Auf der rechten Seite liegt das Blutdruckmessgerät und zeigt noch rot blinkend den letzten, viel zu hohen Wert an.

Thomas kann kaum sprechen vor Schmerzen. Birgit gibt einen kurzen Lagebericht, während der Professor auf den Startknopf des Blutdruckmessgerätes drückt und zeitgleich am linken Handgelenk nach dem Puls tastet.

„Es hat eben ganz plötzlich um kurz nach 4 Uhr angefangen. Thomas war mit Schmerzen in der Brust aufgewacht. Sie strahlen in den linken Arm aus. Er hat dann angefangen stark zu schwitzen und bekommt schwer Luft. Der Blutdruck ist über 200.", berichtet Birgit.

Der Professor spürt den Puls kräftig, aber arhythmisch, stolpernd und mit Pausen. Er greift in seine Arzttasche nach dem Stethoskop. Das Blutdruckmessgerät piept kurz auf und zeigt 220/122 mmHg und blinkt rot vor sich hin. Das Pulsoxymeter zeigt eine Sauerstoffsättigung von 94 % mit einer arrhythmischen Herzfrequenz an.

Wie gut, dass wir ein mobiles Notfall-EKG angeschafft haben und dies in der Praxis liegt, geht es ihm durch den Kopf. Jetzt wäre das echt hilfreich, um einen Herzinfarkt ausschließen zu können.

Er legt das Stethoskop auf den ebenfalls nassgeschwitzten Oberkörper, hört nacheinander die vier Herzklappen ab und fühlt zeitgleich den Puls der rechten Hand. Die Herztöne verraten ein Strömungsgeräusch über der Pulmonal- und der Mitralklappe.

Nach einem kurzer Griff an die Fußgelenke kann eine akute Wassereinlagerung ausgeschlossen werden.

Thomas ist mit seinen 1,86 m und 112 kg Körpergewicht untergroß, also nur etwas zu klein für sein Gewicht. Er hat auf Anraten des Professors bereits vor 2 Jahren aufgehört zu rauchen. Bisher hat er keine Medikamente eingenommen.

Das letzte Belastungs-EKG von vor drei Monaten war noch völlig in Ordnung. Es sieht aber jetzt alles nach einem akuten Herzinfarkt aus.

„Thomas, wie groß ist der Elefant auf der Brust?“, fragt der Professor, während er alles zum Legen eines Venenverweilkatheters vorbereitet.

Thomas antwortet gequält und keuchend „Da sitzt eine ganze Herde drauf – und es tut höllisch weh!“ Thomas atmet schwer. „Mach was, Professor – damit das aufhört.“

„Hast du schon etwas an Medikamenten eingenommen?“

„Nein, wir haben nur Blutdruck gemessen“ antwortet Birgit, an Stelle von Thomas.

Der Professor greift nach einem kleinen Sprühfläschchen mit einer rötlichen Flüssigkeit. „Mach mal den Mund auf und die Zunge hoch.“ Zwei kurze Sprühstöße unter die Zuge: „Das schmeckt nicht so dolle“ – Egal, Hauptsache, es wirkt.

Der Stauschlauch am Unterarm wird stramm gezogen und das aufgesprühte Desinfektionsmittel fühlt sich kalt an. „Ich lege dir jetzt ein Zugang, damit ich dir etwas gegen die Schmerzen geben kann, Thomas.“

Die dicke, orangene Venenverweilkanüle verschwindet in der prallgefüllten Vene auf dem Handrücken. Mit zwei Pflasterstreifen rechts und links wird der Zugang gesichert und der Stauschlauch gelöst. Aus dem Ampullarium werden Blutverdünner und ein Schmerzmittel aufgezogen und direkt langsam in die Vene gespritzt.

Als nächstes wird eine Baseninfusion vorbereitet. „Birgit, wir brauchen einen Kleiderbügel.“ NaCl und Bicarbonat erhöhen die Pufferkapazität und unterstützen die Fluidität des Blutes in den kleinen und feinen

Blutgefäßen der Kapillaren. Genau diese sind jetzt zur Versorgung des Herzmuskels entscheidend.

„Hier ist der Kleiderbügel“ – Birgit hat schon einen aus dem Schrank gefischt. Die fertig vorbereitete Infusionsflasche wird in einen Netzbeutel gesteckt. Diese wird mit dem Kleiderbügel – deutlich über Herzhöhe – aufgehängt. Im Schlafzimmer von Obermeiers ist der Knopf am Kleiderschrank auf Thomas' Seite die geeignete Aufhängung.

„Thomas, du hast sehr wahrscheinlich einen akuten Herzinfarkt. Wir müssen jetzt herausfinden, in welches Krankenhaus wir dich bringen können. Am besten natürlich in eines mit einem funktionierenden Herzkatheterlabor.“

05:15

Der Professor greift zum Walkie-Talkie und hofft, dass Marion schon ran geht. Nach einem kurzen Moment knackt es und Marions leicht verschlafene Stimme ist zu hören.

„Morgen Professor, was gibt es? Roger.“

„Wir haben einen Notfall, Herzinfarkt. Brauchen ein Krankenhaus zum Anfahren. Roger.“ Es bleibt einen Moment still, der sich wie eine Ewigkeit anfühlt.

„Doctora wohnt am nächsten zur Kontaktstelle am Markt. Funke sie an. Eckdaten? Roger.“ Marion ist wie immer auf Zack und bestens strukturiert. Ein echtes Goldstück – auch jetzt, denkt er.

„Thomas Obermeier, 52 Jahre, frischer Herzinfarkt, Kreislauf stabil, Bochum-Westenfeld. Roger.“ Es knackt erneut. „Verstanden. Roger.“

Marion hat alles mitgeschrieben und sie kennt ihren Chef nur zu gut, um zu wissen, wie ernst die Lage ist. Sie hofft, dass Doctora schon wach ist. Immerhin ist es noch sehr früh am Morgen – und der dritte Tag ohne Strom.

05:20

Mitten in der Tiefschlafphase fängt das Walkie-Talkie auf dem Nachttisch an zu piepsen. Olly hat es zuerst gehört und ist auf das Bett gesprungen, um mich anzustubsen.

„Olly, es ist noch zu früh, um rauszugehen, ich bin noch müde. Lass mich noch was schlafen“. Doch da ist das Piepsen erneut. Es war also doch nicht nur in meinem Traum.

Ich angel mir das kleine Gerät vom Nachttisch. „Ich höre. Roger."

„Guten Morgen Doctora, Marion hier. Roger."

Schlagartig bin ich wach. Mein Blickt geht zum Fenster – keine Straßenbeleuchtung, also immer noch Stromausfall.

Von Marion erfahre ich im knappen Telegrammstil, dass es beim Professor in der Straße einen Notfall mit Herzinfarkt gibt. Thomas Obermeier habe ich auch schon kennengelernt, ein zuverlässiger, bodenständiger und netter Kerl.

Mit einem Satz bin ich im kalten Badezimmer. Leere meine Blase und spüle mit einem großen Eimer Wasser nach. Inzwischen muss ich aus der noch immer gut gefüllten Badewanne mit dem abgestandenen Badewasser schöpfen, weil die Regenwasserspülung inzwischen leer ist. Es hat in den letzten Tagen auch nicht mehr geregnet.

Kurz die Zahnbürste in den Mund, einmal kämmen und in die Kleidung vom Vortag springen. Mit schnellen Schritten, fast schon joggend, geht es ab zum Marktplatz. Olly wundert sich etwas über das hohe Tempo am frühen Morgen und die geänderte Route. Wieso gehen wir nicht, wie sonst üblich, erst zum Wald?

Am Marktplatz sehe ich ein Feuerwehrfahrzeug mit einer langen Antenne daneben stehen. Die beiden Feuerwehrleute vertreten sich gerade ihre Beine vor dem Fahrzeug.

„Guten Morgen, meine Herren", sagt Doctora freundlich. „Ich muss einen Notfall melden." Es folgt ihre strukturierte Übergabe. Denn verschwindet der Jüngere der beiden im Fahrzeug.

Der Ältere bleibt draußen und es entwickelt sich ein Gespräch über die aktuelle Lage. In Bochum sei alles friedlich und nur zu wenigen, schwerwiegenderen Ereignissen gekommen. So konnte ein Feuer in einem kleinen freistehenden Häuschen in Lottental gelöscht werden. Die Freiwillige Feuerwehr sei über den Sirenenalarm schnell zur Stelle gewesen. Eine umgefallene Kerze habe wohl im Wohnzimmer den Schaden angerichtet. Verletzt wurde zum Glück niemand.

Die Lage in den Krankenhäusern der Stadt sei dagegen alles andere als rosig. Das Personal kann ohne öffentlichen Nahverkehr nicht pünktlich zum Schichtbeginn anfangen. Die Messenger-Gruppen, egal ob WhatsApp, Signal, Threema..., funktionierten allesamt nicht. Da man die persönlichen Adressen der Kollegen nicht kenne, könne man auch keine Fahrgemeinschaften bilden.

Das ist die Kehrseite der so angenehmen und bequemen Digitalisierung, denke ich.

Die komplette Stromversorgung in ganz Bochum sei inzwischen seit 38 Stunden ausgefallen. Die Feuerwehr habe noch ihre Dieselaggregate im Einsatz. Der Krisenstab der Stadt sei rund um die Uhr besetzt und die Informationen liefen dort zusammen. Doch eine Lösung dieser Krise sei noch nicht in Sicht.

Mit der Notstromversorgung in den Krankenhäusern würde es in 1,5 Tagen dann auch eng. Das wären alles andere als rosige Aussichten.

Der jüngere Feuerwehrmann steigt wieder aus und hinter ihm fällt die Schiebetür ins Schloss.

Das Augusta Krankenhaus hat noch einen funktionierenden Herzkatheterplatz. Aber der einzige Kardiologe ist dort seit 36 Stunden im Dauereinsatz, deshalb wären sie abgemeldet.

Ich denke kurz nach. Der Professor macht doch selber jede Woche Herzkatheteruntersuchung in einem andern Krankenhaus in einer der Nachbarstädte. Marion ist dabei seine versierte Assistentin. Also brauchen wir jetzt „nur" einen Transport und die Infrastruktur.

Nach einer kurzen Diskussion wird dies mit der Leitstelle so koordiniert. Ich bedanke mich für die Unterstützung und begebe mich mit Olly wieder in Richtung meines Zuhauses.

Bereits drei Straßen weiter funktioniert das Walkie-Talkie wieder. Der Rettungswagen wird erst in ca. 20 Minuten im Westenfeld eintreffen. Bis dahin hat Olly sein Geschäft erledigt und wir können Marion einsammeln. Diese informiert inzwischen den Professor, der noch immer bei den Obermeiers ist.

05:55

Der RTW trifft bei Familie Obermeier ein. Die beiden Rettungssanitäter sind dankbar, dass der Professor schon einen großen Teil der Routinemaßnahmen abgearbeitet hat.

Ein 12-Kanal-EKG wird noch schnell über den tragbaren Defibrillator abgeleitet und bestätigt die Diagnose – akuter ST-Hebungs-Infarkt. Die Sauerstoffsättigung liegt bei 96 % und hat sich leicht verbessert.

Im Tragstuhl wird Thomas zum RTW gebracht. Er verabschiedet sich noch von seiner Frau Birgit und Sohn Jonas mit einer Umarmung. Beide wünschen ihm, dass er schnell gesund wiederkommt.

Der Professor fährt mit, sowohl als begleitender Notarzt, als auch als Spezialist, der den Kathetereingriff durchführen wird.

Birgit verspricht, Andrea gleich um 7 Uhr darüber zu informieren, dass der Professor einen „Ausflug“ mit Thomas ins Augusta macht.

06:15

Marion wartet bereits am Augusta, als der RTW eintrifft. Nach Klärung der Formalitäten geht es direkt in das Herzkatheterlabor.

Der Professor und Marion geben ihr Bestes und kämpfen um das Leben von Thomas Obermeier. Was die beiden zu diesem Zeitpunkt noch nicht wissen können: Bereits jetzt gibt es kein einziges freies Intensivbett mehr in der ganzen Stadt.

Nachdem Doctora erst Marion am Augusta abgesetzt hat, begibt sie sich auf den Weg in die Praxis. Es gibt immer noch keinen Strom. Aus ihrem Bestand stellt sie rasch ein paar wichtige Arzneimittel für Martin zur Notfallversorgung von seinen kleinen Patienten in der Kinderklinik zusammen.

07:15

Doctora begibt sich um die Ecke zur Hauptpforte des Martin-Luther-Krankenhauses, in der Hoffnung, dass Fred Merschmeier schon wieder im Dienst ist. Sie wäre sehr an einem Update zur allgemeinen Lage interessiert.

Als sie an der Hauptpforte ankommt, nimmt sie mit großer Freude wahr, dass ihr Wunsch in Erfüllung gegangen ist. Die beiden trinken einen Kaffee zusammen. Dabei erfährt sie, dass sich die Befürchtung des Feuerwehrmanns heute früh zu bestätigen scheint.

Auch diesem Krankenhaus steht als Energiereserve nur so viel Diesel zur Verfügung, um die Notstromaggregate für 72 Stunden versorgen zu können. Das würde noch bis Sonntag Nachmittag reichen, Nachschub ist bisher nicht in Sicht. Die Tankstellen sind immer noch außer Betrieb und nur die Feuerwehr und die Polizei haben noch Zugriff auf die Notfallreserven.

Das kann ja heiter werden...

08:00

Olly und ich drehen noch eine Runde im Park, der direkt hinter der Klinik beginnt. Es ist noch dunkel, aber am Horizont kann man das Morgengrauen bereits erahnen.

Als wir an den Ententeich kommen, beginnt Olly – ganz entgegen seiner Gewohnheit – laut zu bellen. Auf der Parkbank auf der Südseite des Ententeichs, so in ca. 30 Meter Entfernung, ist schemenhaft eine Person auf einer Parkbank zu erahnen. Wir gehen vorsichtig in diese Richtung. Als wir die Parkbank fast erreicht haben, ist zu erkennen, dass eine Jugendliche dort sehr schlaff mehr liegt als sitzt. Unter der herabhängenden Hand ist ein großer schwarzer Fleck am Boden.

„Hallo, kannst du mich hören? Ich bin Ärztin." Keine Reaktion. Im Licht der Taschenlampe schätze ich ihr Alter zwischen 14 bis 16. Ihr Gesicht ist extrem bleich. Der dunkle Fleck auf dem Boden scheint Blut zu sein.

Ich greife in meine Jacke und ziehe eine gelbe Plastikkapsel mit einem Paar Einmalhandschuhe heraus. Diese **Notfallkapseln** habe ich in all meinen Jacken und Taschen deponiert. Man weiß ja nie, wann man wieder Einmalhandschuhe zum Eigenschutz braucht und gerade jetzt kann man nicht gut genug vorbereitet sein.

Meine Hände sind kalt, bei gefühlten acht Grad. Vorsichtig gehe ich näher heran. „Hallo, ist alles in Ordnung?" Die Augen sind halb geöffnet und der Blick ist leer. Unter dem Kopf liegt ein kleiner Rucksack und sie ist viel zu leicht bekleidet. Keine Jacke, keine Schuhe an den Füßen. Die Füße sind blass wie in einem Wachsfigurenkabinett.

Ich sehe keine Atemexkursion und höre auch kein Atemgeräusch im Park, der gerade selber den Atem anzuhalten scheint.

Die sanfte Berührung an der Schulter lässt mich erschaudern. Der junge Körper ist kalt und starr. Ich versuche an der Halsschlagader einen Puls zu tasten. Erst auf der linken oben liegenden frei zugänglichen Seite. Nichts. Zur Sicherheit auch noch auf der rechten Halsseite, die auf dem Rucksack liegt. Auch nichts.

Mir rutscht mein Herz ein Stück tiefer und mein Verstand weigert sich, das ganze Ausmaß zu erfassen. Auch ein Schmerzreiz über dem Sternum löst keinerlei Reaktion mehr aus.

„Es wird mal hell, ich muss mal kurz in die Augen leuchten" sage ich laut hörbar in die Stille – gepaart mit der schwindenden Hoffnung auf ein Lebenszeichen. Die Pupillen sind beide weit und lichtstarr. Beim vorsichtigen Herunterziehen des Unterlids ist dies ebenfalls blass und fast blutleer, auch ein Herzschlag unter dem Xiphoid der Brustbeinspitze ist nicht fühlbar. Die Gelenke sind erstarrt. Es sieht so, als hätte das Mädchen schon vor einer ganzen Weile den letzten Atemzug getan.

In meiner Hausbesuchstasche hätte ich ein Pulsoxymeter samt Infrarotthermometer. Aber wer nimmt schon seine Arzttasche zum Hundespaziergang mit? War die Ursache für diese große Blutlache unter der Bank auch der Grund für ihren Tod? Als guter Arzt muss man beim Auffinden eines Toten eine erste **Leichenschau** durchführen. Dazu sind alle Körperöffnungen zu inspizieren und eine Ganzkörperuntersuchung, „von der Locke bis zur Socke", ist durchzuführen. Hier stellt sich das gerade eher sehr schwierig dar. Mir fehlt die dritte Hand zum Leuchten. Und entkleiden möchte ich diese junge Tote hier draußen im Park auch nicht.

In der Folge beschränke ich mich auf die Inspektion des Mundes und des Oberkörpers, der Arme und der Beine, um zumindest die Quelle der Blutung ausfindig zu machen.

Es zeigt sich eine lange Schnittwunde am rechten Unterarm. Unter der Bank liegt bei näherer Betrachtung ein schwarzes Keramikmesser mit einer circa 12 cm langen Klinge.

Da die Oberarmmuskulatur auf der linken Seite stärker ausgeprägt ist als auf der rechten Seite, scheint eine Selbsttötung wahrscheinlich. Im Seitenfach des Rucksacks steckt ein funkelnagelneues Handy mit leerem Akku. In der Handyhülle steckt eine Krankenkassenkarte, auf der das Bild des Mädchen zu sehen ist. Hannah Grevenstein, geboren am 22.12.2007. Es wären nur noch 14 Tage bis zu ihrem 15. Geburtstag gewesen. Was mochte sie dazu gebracht haben, in dieser Nacht den Planeten Erde zu verlassen?

Olly stupst mich an und holt mich aus meinen Gedanken wieder zurück. Es ist inzwischen fast hell geworden. Eigentlich sollten jetzt ein paar Hundebesitzer hier ihre Gassirunden drehen. Ich entschließe mich, ein paar Fotos zur Dokumentation für die Polizei aufzunehmen. Mein Handy ist immer noch ohne Empfang.

Wie jetzt die Polizei verständigen? Und das tote Mädchen sollte auch abgedeckt werden. Mir fällt ein, dass in der Brusttasche meines Parkas noch eine Rettungsdecke aus Alu-Knisterfolie steckt. Zu retten ist Hannah leider nicht mehr, aber wenigstens vor neugierigen Blicken zu schützen. Beim Griff in die Brusttasche spüre ich auch das Walkie-Talkie. Das ist die Lösung. Auch wenn Marina noch beim Kathetern assistiert, bin ich doch ganz in der Nähe von Frau Sönnchen. Doch zuerst decke ich Hannah ab. Die silberne Oberseite sieht von weitem fast aus wie ein Sarg.

Über das Walkie-Talkie kann ich Frau Sönnchen erreichen. Sie geht gleich rüber zum Marktplatz in Wattenscheid. Und ich setze meine Runde mit Olly fort – in Sichtweite von Hannah, damit niemand ihre Totenruhe stört.

08:45

Wir sehen, wie die Polizei mit einem kleinem Streifenwagen langsam durch den Park fährt. Wir sind nur wenige Meter von der Bank entfernt und ich winke mit großen, ausladenden Bewegungen.

Ein junge Polizistin mit einem lange Zopf und ihr Kollege mit grauem Schopf steigen aus. Ich erkläre mit kurzen knappen Sätzen die Auffindesituation und die vermutliche Todesursache. Die Krankenkassenkarte und das Handy von Hannah sind von einem der Untersuchungshandschuhe umhüllt. Meine Personalien werden noch kurz zu Protokoll genommen. Dann kann ich auf dem Beifahrersitz den Totenschein ausfüllen. Die Felder mit Adresse und Vorgeschichte bleiben leer. Und es ist schon ungewöhnlich, das Kreuz bei „nicht natürlicher Tod“ zu setzen. Das ist zuletzt im Notarztdienst vor ein paar Jahren vorgekommen.

Für mich gibt es hier jetzt nichts mehr zu tun. Den beiden Polizisten steht jetzt noch eine schwere Aufgabe bevor. Sie werden die Adresse von Hannah ermitteln. Wenn hier alles geregelt ist, müssen sie die traurige Nachricht ihren Eltern überbringen.

Olly und ich verabschieden uns von den Polizisten und einen kleinen Moment halte ich noch inne mit einem Blick auf Hannah und verneige mich kaum sichtbar in ihre Richtung.

09:00

Derselbe Parkplatz wie am Vortag ist wieder für mich frei. Olly ahnt schon, dass eine Runde Schlafen im Kofferraum angesagt ist. „Bleib hier, Olly. Bis gleich.“

Er liegt wieder auf der pinkfarbenen Kuscheldecke und legt sofort seinen Kopf ab, als wollte er sagen: Schon gut und mach nicht so lange.

Im Eingangsbereich der Kinderklinik bietet sich ein ähnliches Bild wie am Vortag. Nur die Schlange der wartenden Eltern steht jetzt in Doppelreihe an. Für einen Samstagmorgen unter normalen Bedingungen eher außergewöhnlich. Aber heute war ja immer noch nichts normal.

Ich nicke den beiden Mitarbeiterinnen freundlich zu, als ich an der Anmeldung vorbeigehe. Mein Gefühl sagt mir, dass ich Martin oben in seinem Büro finden werde. Also nehme ich die Steintreppe, zwei Stufen auf einmal. Das mache ich immer so, wenn ich den Eindruck habe, etwas Sport könnte mir gut tun. Das beruhigt mein schlechtes Gewissen, nicht jeden Tag eine Sporteinheit unterbringen zu können – so wie heute morgen.

Meine Gedanken schweifen kurz zum Professor, Marion und unserem Patienten Thomas Obermeier. Ob die drei sein Herzproblem schon gut gelöst haben?

Oben angekommen, klopfe ich an die Tür von Martins Sekretariat. Als ich keine Antwort höre, drücke ich die Klinke herunter, öffne die Türe einen Spalt und strecke meinen Kopf suchend hindurch.

Martin sitzt im hinteren Teil des Büros und winkt mich heran, mit dem Hörer des Festnetztelefons am Ohr. Sieht aus wie Olly an der ganz kurzen Leine, denke ich.

„Okay, ich habe verstanden. Das wird ein schwere Entscheidung. Kann der Ethikrat hinzugezogen werden?“ Es folgt eine Pause, in der anscheinend das Gegenüber auf der anderen Seite der Leitung spricht. „Ja, es ist mir bewusst, dass Wochenende und akute Krisenzeit ist.“ Sein Gesichtsausdruck ist angespannt und er wirkt, als wäre er seit gestern um mindestens zehn Jahre gealtert. Langsam lässt er den Telefonhörer auf die „Gabel“ sinken.

„Doctora, es ist der nackte Wahnsinn – und hier ist die Zentrale!“ Er lehnt sich in den Chefsessel zurück und faltet seine Hände über seinem leichten Bauchansatz. „Der Vorstand hat gerade mit dem Krisenstab zusammen die aktuellen Pläne für die nächsten 24 Stunden verkündet.“

Ich schaue Martin mit großen Augen fragend an. „Ich bin nicht auf dem neuesten Stand. Ein Update, wie es da draußen, außerhalb von Bochum, wirklich aussieht, habe ich heute noch nicht.“

Dass ich im Vergleich zu ihm fast ausgeschlafen aussehe, täuscht nicht über die Tatsache hinweg, dass wir beide unser Bestes geben, um möglichst viele Leben zu retten.

Er nimmt dankbar meinen fragenden Blick auf und ist froh, dass er sich jetzt mit einer vertrauten Person besprechen kann. Sein Chef ist nämlich auf einem Winterkongress in der Schweiz – und anschließend in Urlaub. Selbst wenn er wollte: Aus der Ferne, ohne Internet und Mobilfunk, könnte er nur wenig tun.

„Wir werden wohl, so wie es aktuell aussieht, ab morgen Mittag auch hier ohne Strom sein." Er macht ein Pause. „Du ahnst, was das bedeutet?"

Aus den eben mitgehörten Wortfetzen schieße ich, dass man Martin die alleinige Entscheidung überlassen hat, in welcher Reihenfolge er die Kinder von den Normalstationen und der Intensivstation entlassen soll.

Ich nicke und er schließt für einen Moment seine Augen, damit ich nicht die aufsteigenden Tränen sehe. Martin hat seit Freitagnachmittag die Klinik nicht mehr verlassen und sich nur nachts mal für 3 Stunden auf der Couch im Chefzimmer hingelegt, um seinem Körper ein wenig Ruhe zu gönnen, während der Kopf weiterarbeitet. Die Gedanken kreisen einfach unaufhörlich weiter. Von *Schlafen* konnte da keine Rede sein.

Dass jetzt der Druck doppelt so schwer wiegt, ist mehr als verständlich. „Möchtest du eine kollegiale Fallbesprechung?" biete ich ihm als Freundin und unbeteiligte Kollegin an.

„Ja, das ist eine gute Idee." Er zieht sein **Notizbuch** aus der Brusttasche. Es hat insgesamt acht Seiten. Jeweils zwei Seiten für die Intensivstation mit sechs Patienten, die Station A mit 12 Betten, für die Station B mit 16 Betten und zwei Seiten mit 48 Namen und Verdachtsdiagnosen aus der Ambulanz. „Ich vermute, wir werden 2 Stunden brauchen, oder? Kann ich Olly über den Seiteneingang rein holen? Es wird ihn sonst zu kalt im Auto."

„Das ist okay. Du kennst ja den Schleichweg" antwortet Martin.

„Bin sofort wieder da."

Es dauert keine fünf Minuten, bis sich Olly unter dem großen Schreibtisch abgelegt hat. Martin hat in der Zwischenzeit eine Kopie von seinen Notizen gemacht und schiebt mir die Blätter rüber. „Hast du drei Textmarker – rot, gelb, grün – und einen Bleistift?" Mit einem Griff in die Schreibtischschublade zieht er zielsicher das Stiftesortiment in doppelter Ausführung heraus.

„Okay. Ich schlage vor, wir führen zuerst eine **Triage** durch. Wer hat unter ‚normalen' Bedingungen eine reale Chance, außerhalb der Klinik mehr als 48 Stunden zu überleben?"

Triage Teil 1

Station	Überlebenschance
Intensivstation	1 von 6
Station A	8 von 12
Station B	10 von 16
Ambulanz	42 von 48

Nach der ersten Sichtung können 61 von 82 kleinen Patienten innerhalb der nächsten 24 Stunden nach Hause entlassen werden. In der nächsten Runde besprechen wir die kritischen 21 Fälle. Es ist für mich etwas leichter, da ich diese Kinder nicht betreue und keine emotionale Bindung dazu habe.

Für Martin ist das ungleich schwerer, da er bei 15 stationären Patienten 12 sogenannte Langlieger hat. Diese Kinder und ihre Familien kennt er sehr lange und betreut sie zum Teil schon seit ihrer Geburt, also deren ganzes Leben lang, über viele Jahre hinweg.

Ihm diese Last der Entscheidung alleine aufzubürden, ist echt heftig. Ich verstehe, wie schwer es ihm fällt, sich zu einer Entscheidung durchzuringen. Es wird danach auch nicht leichter, wenn er mit den Eltern und den Kindern diese schwierigen Gespräche führen muss. Das kann er nicht delegieren. Auch die Oberärzte wären jetzt damit überfordert, da sie alle gemeinsam versuchen, der Flut von fast fünfzig ambulanten Patienten so gut es geht Herr zu werden.

Übrig bleiben jetzt noch die kritischen Fälle:

Triage Teil 2

Station	Überlebenschance?
Intensivstation	5 von 6
Station A	4 von 12
Station B	6 von 16
Ambulanz	6 von 48

Wir fangen mit der Ambulanz an. Drei der sechs Patienten haben einen fieberhaften Atemwegsinfekt und benötigen Fiebersenkung, Antibiose und Inhalation. Fiebersenkende Mittel sind inzwischen alle aus. Die Zettel mit den Anleitungen für die Wadenwickel und die Einläufe zum Fiebersenken werden laufend nachgedruckt. Für die Einläufe werden anstatt der **Klistierbälle** jetzt **Einmalspritzen** verwendet, je nach Lebensalter 20 ml oder 50 ml. Diese werden den Eltern dann mitgegeben, jedenfalls solange der Vorrat reicht.

Für die Inhalationen kann man auf das gute alte **Dampfbad** zurückgreifen. Vorausgesetzt, man kommt an kochendes Wasser. Eine kleine Schüssel und ein großes Handtuch sollte noch in jedem Haushalt zu finden sein.

Bei den oralen Antibiosen muss Martin allerdings passen. Es erfolgten keinerlei Lieferung von außen an die Krankenhausapotheke und somit konnten die Botenläufer auch nichts mehr ausliefern.

Je nach Ursache und Qualität des Hustens, mit oder ohne Auswurf und mit heißem, rotem Fieber oder ohne, könnten noch homöopathische Arzneimittel für 2–3 Tage mitgegeben werden.

Bei den anderen drei liegt eine Diarrhoe mit drohender Exsikkose vor. Hier gilt, die Kinder möglichst schnell intravenös „aufzufüllen“ und den Durchfall zu stoppen. Die Möglichkeit und die Zeit, drei **Baseninfusionen** anzulegen, ist noch gegeben. Gegen den Durchfall gibt es das Rezept der **Möhrensuppe nach Prof. Ernst Moro** und zwei verschiedene, bewährte homöopathische Arzneimittel. Diese lassen sich nach der Anamnese und mittels **kinesiologischer Testung** sicher verordnen. Damit können die sechs Fälle auf der Ambulanz von der Liste gelöscht und gelb markiert werden.

Station B: 6 von 16

Als nächstes werden die sechs kritischen Patienten von Station B der internistisch-onkologischen Station besprochen. Drei Kinder sind gerade zum nächstes Zyklus ihrer Chemotherapie im Haus. Die nächste Infusion wäre für den kommenden Montag geplant, wenn sie denn aus ihrem Zelltief heraus wären. Diese Kinder haben gerade ein sehr geschwächtes und fast funktionsunfähiges Immunsystem. Eine schwere Erkältung könnte aktuell ihr Leben gefährden. Ob sie ein paar Tage zuhause in einer möglicherweise kalten Wohnung mit nicht mehr als 12–14 Grad überleben können, vermag niemand abzuschätzen.

Diesen Kindern kann man allenfalls ein paar Masken – Mund-Nasen-Schutz zur Abwehr von Tröpfchen und Bakterien bei Kontakt über die Atemwege – mitgeben, eventuell, soweit noch vorhanden, auch noch etwas Eisen zur Unterstützung der Blutbildung.

Die drei internistischen Fälle sind etwas gemischter. Ein 16-jähriger Teenager mit einer Herzmuskelentzündung zur intravenösen Antibiotikatherapie. Er würde noch drei weitere Tage Infusionen benötigen, aber heute hat er bereits die letzte verfügbare Gabe erhalten. Er wird wohl oder übel ohne Antibiose entlassen werden müssen.

Eine 14-Jährige ist nach einem versuchtem Suizid mit Tabletten und Alkohol noch zur Kontrolle der überforderten Leber hier. Ein Leberversagen kann hoffentlich durch die Gabe von ACC-Antidot[6] noch abgewendet werden. Ob sich ihr Zustand bis morgen Mittag stabilisiert haben wird?

Der kleine Dreijährige mit seinem komplexen Herzfehler soll am Montag eine Herzunterstützungspumpe implantiert bekommen, damit er die Zeit auf der Warteliste für ein Spenderherz überstehen kann. Ob es in der nächsten Zeit überhaupt noch Transplantationen geben wird? Er ist sauerstoffpflichtig. Zuhause hat er normalerweise einen großen Sauerstofftank für mindestens eine Woche bei kontinuierlichem Bedarf von 24/365. Ob die Eltern zuhause eine Notstromversorgung für den Sauerstoffapplikator haben?

Der Sozialdienst, der solche Fragen immer verlässlich für uns regelt, ist zum einen am Wochenende nicht im Dienst und zum anderen hätte er auch aktuell keine Chance, noch etwas aus dem Hut zu zaubern.

Immerhin ist klar, das diese sechs erst am späteren Sonntagmittag entlassen werden würden, wenn es bis dahin keine andere gute Lösung geben sollte.

Station A: 4 von 12

Auf der chirurgischen Station liegen vier Patienten, die noch zu besprechen sind.

Ein sechsjähriger Junge nach perforierter Appendizitis, einem Blinddarmdurchbruch mit Eiterung in die Bauchhöhe. Der Kleine hat die Op soweit gut überstanden und hat am dritten Tag keine Sepsiszeichen. In der letzten Laboruntersuchung waren die Entzündungsmarker weiter rückläufig. Auch hier muss die Antibiose mangels Medikament heute enden, ohne Option auf Verlängerung.

[6] Acetylcystein

Eine Achtjährige ist nach schwerer häuslicher Gewalt mit Kopfverletzungen und Verbrühungen an beiden Füßen Anfang der Woche aufgenommen worden. Nach Hause kann sie nicht zurück. Und das Jugendamt hat gerade mit den Kinderheimen und Wohngruppen, die allesamt ohne Strom sind, mehr als genug zu tun. Wer soll sich um die Kleine kümmern? Ob wohl eine der Krankenschwestern sie mit zu sich nach Hause nehmen würde?

Dann ist da noch der Sechzehnjährige mit Zustand nach Absturztrauma. Er ist bei einer Mutprobe aus 8 Metern von einem Vordach gestürzt. Beide Beine und beide Arme sind mehrfach gebrochen. Und er hat eine Rippenserienfraktur auf der linken Seite. Er ist voll pflegebedürftig, muss gefüttert werden und braucht tägliches Atemtraining. Die Wunden sind reizlos und müssen alle 2 Tage verbunden werden. Und er braucht noch Schmerzmittel. Für die Unterstützung des Knochenwachstums kann man Symphytum mitgeben. Für das Atemtraining hat er einen Atemtrainer auf dem Nachttisch, den er ebenfalls mitnehmen kann. Aber wie verhindert man eine Thrombose, ohne Antikoagulantien/Blutverdünner? Wie hält man einen so immobilen Jungen warm, wenn er sich nicht großartig bewegen kann?

Eins ist klar: Alle diese zehn Fälle der Station A und B müssen erst so spät wie möglich entlassen werden. Inständig hofft Martin, dass es nicht so weit kommen wird.

Vermutlich geht es den anderen Chefärzten aus der Inneren Medizin, der Chirurgie und der HNO gerade auch nicht viel besser als ihm. Besonders schlecht bestellt ist es um die Alleinstehenden und um die Heimbewohner. Für so ein Szenario gibt es keine Notfallpläne, oder?

Intensivstation: 5 von 6

Als letztes bleiben noch die Fälle von der Kinderintensivstation zu besprechen.

Der eine Jugendliche, 14 Jahre alt, ist nur zum Ausnüchtern nach einer exzessiven Party da. Er muss noch seinen Rausch ausschlafen, wenn alles gut läuft. Aber noch ist er mit mehr als 2,4 Promille atemdepressiv und muss beatmet werden. Immerhin hat er nette Eltern, die sich gut zu kümmern scheinen.

Bei den anderen vier Patienten sieht es dagegen sehr düster aus. Sie sind alle langzeitbeatmet und können nicht eigenständig atmen. Wenn der Notstrom für die Beatmungseinheiten gänzlich ausfällt, werden sie wahrscheinlich innerhalb kürzester Zeit sterben. Im Normalfall würde man diese Kinder in ein anderes Haus verlegen. Aber selbst wenn noch ein Intensivbett in einem anderen Bundesland oder im angrenzenden Ausland zu finden sein sollte, wie soll der Transport organisiert werden?

Martin ist verzweifelt. In seiner Not versucht er, über das Festnetz eine Verbindung zu einem früheren Kollegen, der jetzt Chefarzt in Hannover ist, zu bekommen. Die Leitung lässt ein Freizeichen hören. Er kann sein Glück kaum fassen, als Klaus am anderen Ende der Leitung abnimmt. Doch nach drei Sätzen der Einleitung klappt ihm die Kinnlade herunter. „Das darf doch nicht wahr sein. Na dann Prost Mahlzeit."

Klaus ist nicht wie sonst die Ruhe selbst. Er spricht ungewöhnlich schnell. Als Martin wieder zu Wort kommt, hört er sich selber sagen: „Klaus, das ist erst der Anfang. Bei uns sind morgen die 72 Stunden mit der Notstromversorgung schon ausgereizt. Ich kann gleich schon Plätze in der Pathologie und Rechtsmedizin reservieren."

Das klingt nicht nur sarkastisch, das ist purer Galgenhumor. Also kurz bevor der Körper als Selbstschutz die Seele vorsorglich abspaltet.

„Ich wünsch dir und uns viel Glück. Wir werden das irgendwie überstehen und dann machen wir ein Fass auf. Das verspreche ich dir, lieber Klaus!" Als er auflegt, muss er beim Zurücksinken in seinen Chefsessel erstmal lange und tief ein- und laut wieder ausatmen.

„Doctora, Niedersachen hat sich gerade auch angeschlossen, Der Countdown mit dem Notstrom läuft dort seit 10 Uhr.

11:15

Martin und ich schauen uns eine ganze Weile stumm vor Entsetzten an. Olly spürt die bedrückende Stille, erhebt sich, kommt zu mir herüber und legt seinen Kopf auf meinen Schoß. Ich bin dankbar, dass ich ihn spüren kann. Nach einem kurzen Moment erhebe ich mich und gehe rüber zu Martin und biete ihm wortlos eine Umarmung an. Martin steht auf und nimmt dankbar die Umarmung an. Eine Hand lege ich zwischen seine Schulterblätter und die andere auf seinen Scheitel. Nach einer Weile des Auftankens lösen wir uns wieder wie von selbst voneinander.

Ich greife zu unseren Wassergläsern und lasse in jedes ein Rescue-Globuli fallen. Das hilft in einer Krisensituation wie dieser, um in der inneren Mitte zu bleiben. Zudem stärkt es den Erhalt der Handlungsfähigkeit.

Ich drücke Martin die Flasche mit den Rescue-Globuli in die Hand. „Die wirst du jetzt für dich, dein Team und die Kinder mit ihren Eltern brauchen." Martin nickt und weiß, welche energetische Unterstützung er in seinen Händen hält.

Ein kühler Kopf, um das vorhandene ärztliche und pflegerische Team mit ins Boot zu nehmen, ist genauso wichtig wie die richtigen Worte zu finden beim Überbringen dieser wirklich schlechten Nachrichten an die betroffenen Eltern und Kinder.

Zusätzlich übergebe ich noch das kleine Päckchen mit den zuvor ausgewählten homöopathischen Mitteln. Die Zusammenstellung passt gut zu den kleinen Patienten, die jetzt keine normalen Medikamente mehr bekommen können. Dabei liegt eine kleine **Materia Medica** zum schnellen Nachschlagen für die bewährten Indikationen.

Er bedankt sich bei mir und wir verabreden ein nobles Abendessen auf Gut Mausbeck, wenn alles überstanden ist. Wir haben gar nicht bemerkt, dass diese Besprechung mehr als zwei Stunden gedauert hat.

Olly bringe ich noch schnell runter ins Auto und bereite die Rückbank für den Transport vor. Schließlich bin ich ja eigentlich hier, um Anton, den kleinen Mann, sicher nach Hause zu bringen.

Die Sonne linst ein wenig durch den grauen Wolkenhimmel. Ein Sonnenstrahl fällt auf mein Gesicht und ich atme einmal tief durch.

11:30

Auf Station A scheint es fast wie normal zu sein, nur die Beleuchtung wirkt gedimmt. Allein das macht schon eine leicht gedrückte Stimmung. Mit dem Wissen aus Martins Büro fällt es mir nicht ganz so leicht, so zu tun, als ob nichts wäre.

Schwester Irene, die gute Seele, ist heute hier. Sie ist eine der wenigen Ordensfrauen, die noch aktiv in der Pflege arbeiten. Ich denke «Gut, dass Schwester Irene hier ist. Sie wird für Martin und die Kinder und deren Eltern ein wertvoller Fels in der Brandung sein. Gott sei Dank!»

Anton sitzt schon angezogen auf dem Bett und sagt mit einem leicht vorwurfsvollen Unterton: „Da bist du ja endlich, Doctora." Er streckt mir seine Arme zu einer Umarmung entgegen. „Ich möchte jetzt nach Hause. Bringst du mich jetzt dahin?"

„Ja, lieber Anton. Ich bringe dich gleich nach Hause. Aber zuerst brauche ich noch ein paar Informationen und den Entlassungsbrief. Was macht dein Bein?" Der Schlauch der Drainage ist schon gezogen. Das fand Anton doof, aber jetzt ist da ein Pflaster drauf und tut nicht mehr weh. Am liebsten würde er schon wieder selber laufen. Aber der Oberdoktor Martin hat ihm das für die nächsten zwei Wochen noch verboten.

„Anton, wie bist du eigentlich hierher gekommen?", frage ich Ihn. Ich möchte gerne wissen, wie weit die retrograde Amnesie reicht. Das ist eine Erinnerungslücke, die die Seele zum Schutz bei traumatischen Ereignissen entstehen lässt.

Anton überlegt kurz und erklärt im Brustton der Überzeugung. „Ich bin gestern Abend ganz normal ins Bett gegangen. In der Nacht habe ich geträumt, dass es überall ganz dunkel war. Ich bin aufgestanden, weil das kann ja nicht stimmen! Aber ich konnte durch das Dunkel fliegen, einfach so. Beim Landen hat mein Bein weh getan. Und Olly hat es dann wieder heile gemacht und seinen Lieblingsknochen dafür rein getan und drüber geleckt. Fertig." Er strahlt mich mit strahlenden blauen Augen an und seine langen blonden Locken wippen lustig um sein Gesicht herum.

Das ist eine wundervolle Zusammenfassung von dem, was in den letzten zwei Tagen passiert ist. Ich lasse seine Geschichte so stehen und nicke ihm bestärkend zu. „Anton, es ist gut, dass dein Bein schon fast wieder heile ist. Ich hole mal eben einen Rollstuhl. ich will dich ja nicht bis zum Auto tragen. Dazu bist du mir schon zu groß", sage ich mit einem Lachen. „Hast du schon Unterarmgehstützen bekommen?"

„Unter was?" Alles klar. Ich gehe kurz rüber zum Pflegestützpunkt, um das kurz zu organisieren.

Schwester Irene hat noch ein Paar Unterarmgehstützen – und dann auch noch in weiß mit blauen Griffen. Da fehlt dann nur noch der VFL-Bochum Aufkleber drauf. Mit dem Rollstuhl und den blau-weißen Gehstützen komme ich zurück.

Anton kann sein Glück kaum fassen. Wir stellen sie rasch auf seine Größe ein und üben, ein paar Schritte zu gehen. Das klappt schon ganz prima. Aber nach fünf Schritten lässt er sich dankbar in den Rollstuhl fallen.

„So, Abmarsch. Sag noch schnell Tschüss zu den andern beiden und lass uns verschwinden. Olly wartet schon im Auto auf dich."

Schwester Irene drückt mir noch eine Tüte mit ein paar großen Pflastern und Hautdesinfektionsmitteln in die Hand. Sie geht in die Hocke, auf Augenhöhe zu Anton, und reicht ihm die Hand: „Gute Besserung, lieber Anton. Werde schnell wieder ganz fit."

Anton nimmt die Tüte auf den Schoß und hält sie gut fest. Ich lächle Schwester Irene kurz an und umarme sie. Dabei sage ich leise: „Vielen Dank und viel Kraft für die nächsten Stunden und Tage." Sie erwidert die Umarmung und fasst mich dann fest an beiden Unterarmen „Der Herrgott wird uns schon beistehen. Er behüte dich. Du wirst jetzt gebraucht, genau wie wir alle hier."

Wir verabschieden uns mit einem Lächeln, einer großen Portion Gottvertrauen und verlässlicher göttlicher Liebe.

12:17

Auf dem Weg nach Haus ist es relativ ruhig auf den Straßen. Ich erkläre Anton, dass die Welt in den letzten beiden Tagen etwas aus den Fugen geraten ist. Dass es keinen Strom gibt, will er mir nicht glauben und sagt: „Du erzählst Märchen, Doctora."

Als er merkt, dass alle Ampeln ausgefallen sind und keine einzige Tankstelle am Samstagmittag geöffnet hat, wird es ruhig auf der Rückbank. Nach einer Weile der Stille kommt seine Frage, die wie ein Blitz bei mir durch die Ohren in mein Gehirn fährt „Wer ist dafür verantwortlich, dass es wieder Strom für alle gibt?"

Das ist eine sehr gute Frage, auf die ich so gar keine Antwort habe. Der Krisenstab der Stadt Bochum? Die Landesregierung? Oder sollte etwa inzwischen die Bundesregierung die Krise für Deutschland managen? Das hatte ja damals bei der Corona-Pandemie schon vortrefflich geklappt.

Anton hat eine pragmatische, kindgemäße Lösung parat: Man könnte alle Sportler auf die Spinning-Bikes in den Fitnesstudios setzen, meint er. Dann können sie beim Training ordentlich strampeln und wir hätten für das erste genug Strom.

Schließlich hat er das selber beim letzten Schulausflug in die DASA Deutsche Arbeitswelt Ausstellung in Dortmund ausprobiert. Er hat es als einziger geschafft, die ganze Glühbirnenleiste bis nach oben zum Leuchten zu bringen.

„Und was machen wir nachts?", frage ich vorsichtig nach. Kein Problem, alle Fitnessstudios dürfen Tag und Nacht geöffnet haben. Aber nur ausnahmsweise – ist seine prompte Antwort.

14:23

Marion und der Professor lassen sich auf die Stühle im Wartebereich vor der Intensivstation fallen. Die Katheterintervention bei Thomas Obermeier war mehr als eine Herausforderung.

Im Krankenhaus gibt es zwar nach wie vor ein Herzkatheterlabor, aber auch hier sind das Materiallager und die Apotheke schon fast völlig leer.

Bisher haben die beiden als eingespieltes Team immer alles an Material zur Verfügung gehabt, was benötigt wurde. Heute ist es zum ersten Mal ganz anderes gelaufen.

Desinfektionsmittel ist seit der Coronakrise immer ausreichend vorhanden. Bei den anderen Materialen sieht das schon etwas anders aus. Einige wenige sterile Handschuhe, immerhin noch in drei Größen, waren zur Auswahl noch vorhanden. Eine sterile Ganzkörperabdeckung schon nicht mehr. Mit einigen wenigen sterilen Abdecktüchern konnte ein kleiner, steriler Arbeitsbereich eingerichtet werden.

Die beiden haben sich sehr konstruktiv und kreativ an die neuen Arbeitsbedingungen angepasst. Über die Loop-Kommunikation, dem Wiederholen und Bestätigen der Informationen, braucht niemand mehr nachzudenken, weil ihnen diese in Fleisch und Blut übergegangen ist. Es bleibt sogar noch Zeit, um wertschätzend und beruhigend mit Thomas dabei zu sprechen. Letztendlich konnte des verschlossene Gefäß mit einem Ballonkatheter sicher dilatiert und ausreichend weit aufgedehnt werden. Der Durchfluss der rechten Herzkranzgefäße ist wieder hergestellt.

Thomas bemerkte erleichtert, dass der Schmerz nachließ und die Elefantenherde wie von Geisterhand von seiner Brust wich. Er konnte sofort wieder besser durchatmen und schloss vor Erleichterung kurz die Augen. Rechts und links kullert jeweils ein Tränchen voller Dankbarkeit seine Wangen herunter.

Am Ende bemerkten die beiden, dass kein Verschlusssystem für die Einstichstelle an der Leiste verfügbar war. Das wäre ja auch zu einfach gewesen. Marion fragte: „Wie habt ihr das denn früher gemacht?" – schließlich gab es ja schon Herzkatheteruntersuchungen, bevor alle diese praktischen Hilfsmittel erfunden waren.

Der Professor überlegte kurz und erinnerte sich, dass Druckverbände üblich waren. Ein „Ufo" aus Styropor wurde darin mit eingewickelt. Aber diese Dinger sind seit Jahren nicht mehr im Einsatz. Noch früher wurde ein kleiner Sandsack in die Leiste gelegt und die Patienten hatten 12 Stunden strikte Bettruhe – in Rückenlage.

Die pragmatische Lösung war der Sandsack. Gegenüber vom Krankenhaus war ein Spielplatz mit Sandkasten. Marion nahm zwei kleine, leere Mülltüten und ging runter, um diese mit Sand zu befüllen. Die beiden Tüten wurden zu einem länglichen Päckchen, mit einer zweiten, sauberen Tüte fest umhüllt und mit etwas Pflaster gesichert.

Der Professor hat in der Zwischenzeit selber fest auf die Arterie gedrückt. Obwohl er sich bisher, im Gegensatz zu seiner Frau Andrea, nie mit Heilenergien oder Reiki beschäftigt hat, folgte er dem Impuls, sich vorzustellen, wie sich unter seiner Hand das Gefäß in der Leiste rasch zu verschießen begann.

„Marion, das war eine Glanzleistung! Thomas hat jetzt eine gute Chance." Marion nickte zustimmend und bemerkte plötzlich, dass sie unglaublich großen Hunger hat. „Thomas hat großes Glück, so einen Nachbarn zu haben", antwortet sie mit einem Lächeln. „Ob die Cafeteria geöffnet hat, Professor? Ich habe unglaublichen Hunger und ein Kaffee wäre jetzt auch fein."

Beide waren sehr früh und sehr plötzlich in den Tag geschlittert. Die neun Stunden sind wie im Flug vergangen. Jetzt begeben sie sich ins Erdgeschoss. Und Überraschung: Die Cafeteria hat für Mitarbeiter tatsächlich noch geöffnet. Es gibt noch eine Portion Gemüsesuppe mit einem halben, zwei Tage alten, trockenen Brötchen und eine große Bechertasse mit schwarzen Kaffee für jeden von ihnen.

Die warme Suppe tut gut und wärmt von innen. Das trockene Brötchen in die warme Suppe zu stippen und dann abzubeißen erinnert an längst vergangene Kindertage. Wer hätte das gedacht, dass sie sich an einem Samstagmittag darüber so richtig freuen würden?

14:52

Bei Familie Kleinschmidt geht es nicht so ruhig zu. Maja und Tom langweilen sich und können nur wenig in der Stille miteinander anfangen. Vor lauter Langeweile haben die beiden angefangen, mit dem alten Lexikon im Bücherregal „analoges Google" zu spielen.

Einer gibt ein Stichwort vor und der andere versucht, im Lexikon die Antwort zu finden. Das ist gar nicht so einfach, überhaupt den richtigen Begriff zu finden, der auch im Lexikon steht. Und dann auch noch in der alphabetischen Reihenfolge den Begriff suchen ist schon sehr ungewohnt. So ein manuelles Lexikon hat eben keine automatische Suchfunktion.

In Kleinschmidts Haus wohnen acht Familien. Auf demselben Flur wohnt Familie Grevenstein in der Wohnung gegenüber. Am späten Vormittag gegen 14 Uhr haben dort zwei Polizisten vor deren Tür gestanden. Hannah war in der letzten Zeit immer mal wieder für ein paar Tage verschwunden. Die Zeit der Schulschließung und des Lockdowns hat Hannah nicht so gut überstanden wie Maja und Tom. Sie hat keine wirklichen Freunde und kam auch nur extrem selten mal mit ihrer Mutter Katharina rüber auf eine Tasse Tee. Meistens war sie im Internet unterwegs mit ihren virtuellen Freunden, über Stunden und teilweise nächtelang online. Ihre Lieblings-Influencerin sieht von weitem aus wie die Kopie einer Barbie.

Schon mehrmals hatte die Polizei Katharina darüber informiert, dass ihre Tochter Hannah mit Schnittwunden in die Notaufnahme gebracht wurde und danach in die Kinder- und Jugendpsychiatrie wegen selbstverletzenden Verhaltens eingewiesen worden sei. Eine ganze Weile, nachdem die Polizisten wieder gegangen waren, klopft Katharina mit tiefroten, verweinten Augen bei Kleinschmidts an.

Simone bemerkte sofort, dass etwas anders war als sonst, zieht Katharina wortlos in ihre Wohnung und schließt leise die Tür.

Simone nimmt die Nachbarin in ihre Arme, die diese Geste dankbar annimmt und leise schluchzt. Nach einer Weile löst sich Katharina vorsichtig aus der Umarmung und fragt: „Kannst du mich begleiten? Hannah ist tot im Park gefunden worden."

Nach einen kurzen Pause fährt sie mit fast tonloser Stimme fort: „Ich soll gleich in die Rechtsmedizin, um Hannah zu identifizieren."

Katharina ist ebenfalls alleinerziehende Mutter und arbeitet bei einer großen Supermarktkette als Filialleiterin. Sie hat oft mehr als 10 Stunden am Tag geackert und versucht, Hannah möglichst alle Wünsche zu erfüllen. Dazu gehörte auch immer das neueste, gerade angesagteste Smartphone.

Simone stellt erstmal zwei Wassergläser auf den Tisch und gibt jeweils vier Tropfen Rescue-Tropfen rein. Diese schreckliche Nachricht, aus blauem Himmel, hat sie bis ins Mark erschüttert. Hannah ist nur ein halbes Jahr älter als Maja und hätte in ein paar Tagen Geburtstag. Nach ein paar Schluck Wasser hat sie ihre Fassung wieder gefunden und spürt den Boden wieder unter ihren Füßen. „Ja, natürlich komme ich mit. Wir können ja mein Auto nehmen. Wo müssen wir hin?"

Katharina zieht einen Zettel hervor, den ihr die Polizisten übergeben haben und auf dem die Adresse steht. Die Rechtsmedizin der Staatsanwaltschaft Bochum und Essen liegt ganz weit abgelegen auf einem Berg am Rande der Stadt Essen.

Simone informiert ihre Kinder Maja und Tom, dass sie mit Katharina in die Klinik fährt wegen Hannah. Die Todesnachricht hält sie gegenüber den beiden erstmal noch zurück.

„Ihr geht, solange es noch hell ist – also bis kurz vor 16 Uhr – mit Tobsy noch eine Runde Gassi. Und zwar zusammen, ist das klar?"

Tom mault zwar rum, aber immerhin besser als nix zum Zocken zu haben. Das analoge Google-Spiel ist echt anstrengend und man braucht ganz schön viel Zeit beim Finden und dem lauten Vorlesen der Lösung.

„Ihr könnt dann bitte auch schon den Tisch für uns vier decken. Schaut mal, was wir noch so haben. Ein Salat könnte gehen, oder? Bis gleich meine beiden – meine drei." Tobsy lässt sich noch schnell das gelockte Krönchen auf seinem Kopf kraulen.

Schweigend begeben sich die beiden Frauen zu Simones E-Auto, das auf dem Parkplatz am Südring wartet.

15:48

In seiner Seniorenwohnung hat es sich Herr Abramovic zum frühen Abend so gemütlich gemacht, wie es bei vierzehn Grad Raumtemperatur noch möglich ist. Die letzten beiden Tage waren schon sehr hart.

Er hat sich an seine Kinder-und Jugendzeit erinnert gefühlt. Damals, während des II. Weltkriegs, hatte er jeden Tag um sein Überleben kämpfen müssen. Der von ihm gefühlt einzige Unterschied zu jetzt: Man kann nachts ruhig und sicher schlafen.

Glücklicherweise hatte er sich in den letzten Monaten nach und nach einen kleinen Wasservorrat angelegt. Statt eines Wasserkastens in der Woche hat er sich immer zwei liefern lassen. Das ist jetzt sein Vorteil. Auch wenn es kalt ist, muss er wenigstens nicht dursten.

Mit dem Essen ist das schon etwa schwieriger. Sein Induktionskochfeld funktioniert seit dem Stromausfall nicht mehr. Ein Lagerfeuer im Innenhof der Wohnanlage gibt es leider auch nicht und weder hat er einen Campingkocher noch einen Balkon. Also gab es heute eine Dose mit Ravioli, die er, über den Tag auf drei Mahlzeiten verteilt, kalt gegessen hat. Dazu noch eine Scheibe trockenes Brot. Für die Nacht hat er sich sein Bett gemütlich vorbereitet und angenehm ausgestattet. Die Lammfelle vom Sessel und Sofa haben ihren Platz gewechselt. Eines hat er sich unter das Bettlaken gelegt, die beiden anderen sind zum Zudecken mit im Bett.

Über der Bettdecke hat er zusätzlich noch seinen Wintermantel ausgebreitet. Damit sein kahler Kopf nicht gänzlich auskühlt, hat er sich seine warme Wollmütze zurecht gelegt. Wie jeden Abend geht er noch ins Wohnzimmer und zieht seine große Standuhr auf. Die schweren Gewichte sind wieder ganz oben und das große Uhrwerk tickt ganz regelmäßig vor sich hin. Zu jeder halben Stunde ertönt ein Glockenschlag, zu jeder vollen Stunde schlägt das Schlagwerk mehrmals und gibt die Stunden an – man muss nur mitzählen.

Seine dritten Zähne hat er, wie immer, abends zusammen mit einer Reinigungstablette in einen Zahnputzbecher gelegt. Den „prähistorischen" Nachttopf hat er zum Glück immer aufgehoben. Aktuell ist er froh, dass er ihn hat und dieser samt der Urinflasche in Reichweite vor seinem Bett steht.

Bevor es ganz dunkel wird, legt er sich schon mal hin. Mit der Schlafmütze auf dem Kopf faltet er seine Hände zum Nachtgebet. Er bedankt sich, dass er in Frieden und Freiheit lebt und er einen ruhigen, trockenen und sicheren Schlafplatz hat.

16:32

Die Handynetze funktionieren immer noch nicht. Am frühen Nachmittag haben sich Birgit und Jonas Obermeier zusammen mit Andrea intuitiv zum Krankenhaus begeben.

Sie haben den Professor und Marion in der Kantine gefunden, als diese noch bei der Gemüsesuppe saßen.

Birgit und Jonas sind froh, dass Thomas sich noch bis mindestens Sonntag hier von dem Herzinfarkt erholen kann. Gemeinsam fahren sie zurück und setzen Marion bei sich zuhause ab. Es war ein langer Tag, der schon früh im Dunklen angefangen hat und jetzt gut im Dunklen wieder endet.

17:45

Als ich Anton nach Hause bringe, ist Paul ganz aus dem Häuschen. Er umarmt seinen großen Bruder, als wollte er ihn nie wieder loslassen. Josy klatscht vor Begeisterung in ihre Händchen.

Bei Familie Sundermann wird der Kachelofen jetzt gut befeuert. Der Ofen ist ein echter Segen und sorgt für eine gleichmäßige Wärme.

Wir haben alle zusammen am großen Tisch gegessen. Heute Abend gab es rheinische Bohnensuppe. Das ist handgestampftes Kartoffelpüree mit Milch und Sahne, zu einer Kartoffelsuppe verlängert und mit einem Glas Schnittbohnen darin. Normalerweise gehört noch klein geschnittene, frische Fleischwurst mit rein. Die wurde durch feine Scheiben von Bockwürsten aus der Dose ersetzt.

Anschließend haben wir zusammen die Kinder der Familie Sundermann ins Bett gebracht. An das Doppelbett im Elternschlafzimmer hat Ron noch das Bett von Anton angestellt. Mit einer langen Rolle aus einem Duschhandtuch wurde die Ritze zwischen den Betten ausgepolstert.

Jetzt können alle fünf zusammen in „einem“ Bett schlafen. Anton hat das Babyfell von Josy bekommen, da er sich mit seinem gebrochenen Bein nicht so gut bei seiner Mama Sonja ankuscheln kann.

Zum krönenden Abschluss gab es für uns Große noch einen Mokka aus der italienischen Espressokanne, diesmal mit einem Schuss Baileys.

Olly und ich verabschiedeten uns danach. Eine kleine Runde durch die Dunkelheit, bis er sein Geschäft erledigt hat. Und dann ab zu unserem dunklen und kühlen Haus – dachte ich zumindest.

Als wir uns näherten, sah ich einen flackernden Schein im Wohnzimmer. Und im Carport steht das Auto von Markus. Mein Herz beginnt schneller zu schlagen. Mit großer Vorfreude öffne ich die Haustüre. Olly ist schneller, und ehe ich meine warmen, dunkelbraunen Lederstiefel ausgezogen habe, hat er Markus schon ausgiebig mit freudigem Gebell begrüßt.

Im Wohnzimmer angekommen, nimmt Markus mich wortlos in seine Arme. Wir legen Stirn an Stirn aneinander und unsere Herzen schlagen im selben Takt. Die energetische Verbindung ist unglaublich stark. Als wir uns nach einer Weile küssen, scheint die Zeit still zu stehen. Wir sind einfach füreinander bestimmt – und das fühlt sich so richtig gut an.

Markus hat aus Italien einen zweiflammigen Gaskocher mit zwei großen Gasflaschen mitgebracht. Damit sollten wir mindestens über den ganzen Winter kommen.

Er hat sogar den kleinen Tisch im Wohnzimmer gedeckt, mit allerlei mitgebrachten italienischen Spezialitäten, Oliven und einen guten Wein. Der Kerzenleuchter mit seinen fünf Tafelkerzen eifert mit dem Kamin um die Wette bezüglich des romantischen Ambientes – beide zusammen verbreiten eine angenehm wohlige Atmosphäre. Wir kuscheln uns mit einem Glas Wein auf das Sofa.

In seinen Armen liegend berichte ich von den Ereignissen seit dem letzten Donnerstag. Wir sind erst zweieinhalb Tage ohne Strom und dennoch sind diese Tage extrem erlebnisdicht gewesen.

Markus hat den Weg nach Hause gut gefunden, auch ohne Navi-Unterstützung. Aktuell sind mittlerweile ganz NRW, Niedersachsen und Rheinland-Pfalz vom Blackout betroffen. Ich bin einfach nur froh und dankbar, dass wir zusammen in unserem Häuschen sind. Wir gehen zu Bett mit der Hoffnung, am Sonntag lange ausschlafen können. Zumindest bis Olly sich wieder meldet.

Vierter Tag ohne

Ein Sonntag mit wenig Entspannung

Olly hat sich gerade aus seinem Körbchen am Fußende unseres Doppelbettes erhoben, reckt und streckt sich mit einem herzhaften Gähnen, bevor er sich einmal kräftig schüttelt.

Markus ist fast lautlos aufgestanden und hat mit Olly das Schlafzimmer verlassen, jedenfalls habe nichts davon bemerkt.

08:45

Der Sonntagmorgen beginnt für mich, als es schon hell draußen ist. Es muss also schon nach 8 Uhr sein, denke ich, als ich langsam meine Augen öffne.

Das Bett neben mir ist anscheinend schon lange leer und die Bettdecke ordentlich in Richtung Fußende zurückgeschlagen, mit dem sorgfältig drapierten Schlafanzug daneben.

Von unten aus der Küche vernehme ich das leise Klappern von Geschirr und meine, einen Hauch von Kaffeeduft zu erahnen.

Mit einem Schwung sitze ich auf der Bettkante und gehe ins Bad. Mit einem Becher Wasser aus der immer noch gut gefüllten Badewanne wasche ich mich schnell. Ich greife mir frische Kleidung aus dem Kleiderschrank und lege noch einen Hauch Parfüm auf. Etwas blauen Kajal, Wimperntusche und Lippenstift und ich fühle mich perfekt gerüstet für diesen Sonntag.

09:05

„Hallo, guten Morgen meine Liebe."
Wir strahlen uns lächelnd an und gehen in eine küssende Umarmung über. „Guten Morgen mein Lieber."

Der Tisch ist für einen Sonntag üblich immer noch reich gedeckt und wir genießen unser gemeinsames Frühstück.

Markus hat schon Nachrichten über das **Kurbelradio** gehört – über Mittelwelle in ungewohnt lausiger Qualität.

Eine Entwarnung und ein konkretes Ende ist noch nicht in Sicht, im Gegenteil scheint es sich noch auf weitere Bundesländer ausgeweitet zu haben. Mittlerweile betrifft es nicht nur NRW, Niedersachsen und Rheinland-Pfalz, sondern bis auf Berlin, Brandenburg und Sachsen sind in der ganzen Republik nach und nach die Lichter ausgegangen.

Wir sind jetzt schon zum dritten Mal ohne Strom aufgewacht, während für viele andere diese Erfahrung eine völlige Neuorientierung bedeutete. Es ist eine Krise nationalen Ausmaßes.

Über die Feuerwehren und das Technische Hilfswerk werden jetzt für Bochum die Vorbereitungen getroffen, um kleine Trinkwassermengen ab Montag Mittag auf den Marktplätzen der Stadtteile auszugeben.

Man geht stillschweigend davon aus, dass jeder Haushalt zumindest mit Getränken und Nahrungsmittelvorräten ausgestattet ist, die locker über das Wochenende reichen sollten.

Viele Bürger scheinen die vom Bundesamt für Bevölkerungsschutz und Katastrophenhilfe (BBK) in den letzten Monaten und Jahren ausgegebenen Warnungen jedoch nicht erreicht zu haben.

Die Abstimmung unseres Tagesplans geht schnell und reibungslos – wie immer. Markus möchte kurz in seiner Firma vorbeischauen. Ob der Zugang ohne Strom möglich sein wird, ist ihm allerdings noch unklar.

Auf meiner Liste steht eine Visite bei Anton und ein Besuch bei Dr. Martin Becker in der Kinderklinik, zu seiner mentalen Unterstützung. Und Thomas Obermeier wäre auch noch aus dem Krankenhaus abzuholen.

Über die Walkie-Talkies tauscht sich unser Praxisteam aus und wir stimmen uns schnell ab. Der Professor wird Thomas Obermeier aus der Klinik abholen. Im Wohngebiet von Dr. Maring ist es ruhig, auch medizinisch sind bisher keine besonderen Vorkommnisse aufgetreten, zum Glück.

10:00

Wir machen uns gemeinsam auf den Weg. Markus setzt mich an der Klinik ab und wird mich hier später auch wieder einsammeln. Olly wird ihn heute begleiten. Also habe ich rund drei Stunden, um Martin zu unterstützen.

Die Warteschlange der kranken Kinder und deren Eltern ist noch breiter und länger als am Vortag. Auch die Stimmung ist wesentlich angespannter. Die Mitarbeiterinnen an der Anmeldung geben ihr Bestes und doch ist ihnen die Übermüdung und Anspannung deutlich anzumerken. Die Routineabläufe greifen nicht mehr. Der Andrang ist extrem hoch – viel zu hoch – und der erste Drucker ist schon ausgefallen. Tonerkartusche leer und das letzte Paket Kopierpapier ist auch schon zur Hälfte aufgebraucht.

Ich gehe durch in Richtung Notaufnahme und sehe dort noch mehr Wartende auf dem Boden sitzen. Wenn die Menschen nicht so dicke Winterkleidung tragen würden, könnte man den Eindruck haben, wir wären in Lateinamerika.

Das was sich hier abspielt hat nichts mehr mit der Spitzenmedizin in Deutschland zu tun, welche wir bis letzte Woche noch für einen unverrückbaren Standard gehalten haben.

Schätzungsweise sind weit mehr als hundert Kinder und Eltern hier bzw. draußen an der Anmeldung und hoffen noch auf medizinische Hilfe.

Martin kommt mir auf dem Gang vor seinem Büro entgegen. Seine Körperhaltung ist leicht nach vorne gebeugt, als könnte sein Rücken diese Last nicht mehr tragen. Sein Dreitagebart ist fast völlig ergraut und auch seine Haare haben an Farbe verloren.

Wortlos gehe ich ihm weiter entgegen und breite meine Arme aus. Martin nimmt die Umarmung dankbar an, legt seinen Kopf auf meine Schulter und sagt leise: „Der Countdown läuft. Es sind wahrscheinlich sogar etwas weniger als drei Stunden, bis auch hier alles herunterfährt."

Die meisten Kinder sind inzwischen entlassen worden, in der Hoffnung, dass sie die nächste Zeit zuhause gut überstehen werden. Die Eltern werden sicherlich alles geben, um ihre Kinder so gut es geht zu versorgen.

Auf der Station A sind drei der vier kritischen Patienten bereits entlassen. Für die kleine achtjährige Laura mit den Verletzungen nach häuslicher Gewalt ist noch keine Lösung gefunden worden. Das Jugendamt ist nicht zu erreichen und die Polizei hat gerade Wichtigeres zu tun. Sie hier im Dunkeln alleine zurückzulassen ist aber keine Option.

Ich überlege, welche Alternativen mir noch einfallen. Ob Familie Sundermann für eine Übergangszeit noch ein viertes Kind aufnehmen würde?

Fragen kann ich Sonja und Ron gerade nicht, da die „normalen“ Telefonnetze nach wie vor nicht funktionieren – und weder Sonja und Ron, noch die Klinik über Satellitentelefone verfügen.

Die Bedingungen, Laura zu versorgen, wären bei ihnen relativ gut und ich muss sowieso jeden Tag Visite bei Anton machen. Martin und ich beraten uns mit Schwester Irene. Auch ihr fällt keine andere bessere Alternative ein. Schwester Irene packt für die kleine Laura etwas Kinderkleidung aus dem Bestand der Station in eine große Plastiktüte und wird sie auf den Umzug vorbereiten.

Mit ihrem grauen Kuschelhasen im Arm sitzt Laura angezogen auf der Bettkante. Ihr kleines Gesicht weist mit den großen buntschillernden Hämatomen auf der linken Hälfte darauf hin, welches Leid sie zuhause erfahren hat. Ihre Füße sind immer noch rot und extrem berührungsempfindlich. Deshalb hat Schwester Irene ihr weiße Schühchen aus viel Vlieswatte angewickelt, damit sie warm bleiben.

Auf der Station B sind alle sechs als kritisch eingestuften Kinder in den letzten zwei Stunden wohl oder übel ebenfalls entlassen worden, da die Chemotherapie nicht fortgeführt werden kann und bis auf weiteres pausiert.

Bei der Vierzehnjährigen, die mit einer Tablettenvergiftung eingeliefert wurde, haben sich die Leberwerte über Nacht leicht stabilisiert.

Der Jugendliche mit der Herzmuskelentzündung musste leider ohne weitere Antibiose mit der Auflage, sich möglichst wenig zu belasten, ebenfalls schon nach Hause entlassen werden. Alle hoffen sehr, dass seine Selbstheilungskraft und sein Immunsystem stark genug sein werden, die noch vorhandene Entzündung in seinem Herzen bekämpfen und ausheilen zu können, sodass er sich vollständig regenerieren wird.

Die Eltern des Dreijährigen haben sich entschlossen, ihn mit seinem schweren Herzfehler mit nach Hause zu nehmen. Sie wissen, dass es sehr schnell eng werden wird, wenn der Sauerstoff, der zur Unterstützung notwendig ist, nicht mehr zur Verfügung steht. Sie sind darauf vorbereitet, dass ihr kleiner Sohn zuhause sterben könnte und hoffen auf ein Wunder.

11:55

Als wir die Intensivstation betreten, sehen wir ein leeres Bett. Der 14-jährige Jugendliche ist erfolgreich ausgenüchtert und seine Eltern haben ihn samt seinem riesigen Brummschädel abgeholt.

Ich hoffe sehr, dass er ahnt, welches Glück er gehabt hat – gerade noch das Maximum an medizinischer Hilfe bekommen zu haben. Nur so konnte er die Alkoholvergiftung mit Atemdepression mit rund 2,4 Promille Alkohol im Blut überleben.

Bei allen anderen Jugendlichen, die sich jetzt unkontrolliert die Kante geben, kann das vermutlich schnell so richtig schief gehen und unter diesen Umständen sogar öfter als normal tödlich enden.

In den halboffenen Räumen mit den voll beatmeten Kindern haben sich fast überall die Eltern und die Geschwisterkinder um die Betten versammelt. Die Kinder werden gestreichelt und es wird mit ihnen gesprochen. Es ist eine ganz intensive Phase für alle Beteiligten. Viele haben noch einige Fotos zusammen aufgenommen, als Erinnerung für danach.

Niemand kann genau vorhersagen, wann der Notstrom letztendlich definitiv ausfallen wird. Die Pflegekräfte haben alle ihre Handys noch einmal voll aufgeladen – wer hätte das gedacht, dass die Taschenlampe mal die „Killerapplikation" wird, aber zu was anderem sind die Dinger gerade nicht mehr zu gebrauchen – und es gibt außerdem noch ein paar wenige konventionelle Taschenlampen.

Der Transportdienst hat heute früh mit der letzten Auslieferungsrunde eine kleine extra Kiste mitgebracht. Darin enthalten sind Formularsets mit Todesbescheinigungen und Leichensäcke, beides wird spätestens nach dem Ausfall des letzten Notstromaggregats benötigt.

Für die Kinderklinik ist es eine vergleichsweise kleine Kiste – in den Kliniken für Innere Medizin und Chirurgie wurden ungleich größere Mengen zugestellt.

Dem ärztlichen und pflegerischen Personal steht noch eine größere, traumatische Erfahrung mit einem absehbaren Massensterben heute bevor. Es sei denn, es geschieht noch ein Wunder – was sich gerade alle sehnlichst wünschen.

Die diensthabende Stationsärztin der Kinderklinik hat zusammen mit der Oberärztin schweren Herzens schon fünf Todesbescheinigungen vorbereiten müssen.

12:15

Eine Krankenschwester hat gerade auf jeden Nachttisch ein Teelicht gestellt, als das Licht kurz flackert, die Deckenbeleuchtung erlischt – und eine ohrenbetäubende Stille den Raum erfüllt.

Die Beatmungsgeräte piepsen nicht, weil die Alarme vorher schon auf stumm geschaltet wurden. Dann erlöschen auch die Kurven auf den Monitoren und werden dunkel, alle Wärmedecken fallen in sich zusammen und Lüftungsventilatoren verstummen genauso wie sämtliche Rechner.

Dieser Augenblick ist etwas ganz besonderes und so friedlich zugleich. Auf einmal stimmt die große Schwester, die als Solistin im Kinderchor singt, ein Lied an.

„Von guten Mächten wunderbar geborgen,
erwarten wir getrost, was kommen mag.
Gott ist mit uns am Abend und am Morgen
und ganz gewiss an jedem neuen Tag."

Einige stimmen mit ein und bei vielen anderen stehen die Augen unter Wasser. Viele Tränen kullern lautlos über die Wangen. Die Seelen der fünf sterbenden Kinder sind für einen Moment spürbar und die Eltern fühlen, dass sie in Frieden gehen.

Die Kinder werden nach und nach von den Beatmungschläuchen befreit und ihre Gesichter wirken erstaunlich entspannt und friedlich. Die Eltern und Geschwister verabschieden sich in Ruhe und streicheln noch ein letztes Mal über ihre noch warmen Gesichter.

Nach und nach verlassen die Familien die Intensivstation. Martin und sein Team stehen am Eingang und verabschieden jeden ganz persönlich.

Das Intensivteam macht eine kurze Pause und versucht, bei Kerzenschein das gerade Erlebte gemeinsam zu verarbeiten.

In einer Stunde wird noch eine offizielle Leichenschau durchgeführt werden. Die jungen Toten werden in die Leichensäcke gelegt und dann zur Pathologie gebracht. Als Todeszeitpunkt wird 12.18 Uhr in die Todesbescheinigung eingetragen.

12:45

Martin und ich gehen hinunter zur Ambulanz. In den langen Fluren fällt das Tageslicht schwach durch die großen Fenster. Hier in der Ambulanz warten immer noch viele kranke Kinder.

Die Assistenz- und Oberärzte sind schon längst über den Punkt der Erschöpfung hinaus und arbeiten quasi im Autopilotmodus.

Jetzt gibt es nur noch etwas Tageslicht und weder Blutanalysen, noch Ultraschall oder EKG sind möglich. Es bleibt nur noch die „Medizin mit den sieben Sinnen". Es funktionieren nur noch batteriegetriebene, elektrische Instrumente, wie z. B. das Infrarotthermometer.

Nach einer kurzen Team-Besprechung ist klar, dass eine der neuen Situation angepasste Triagierung erforderlich wird. Bei allen Kinder wird erneut mit dem Infrarotthermometer auf der Stirn die Körpertemperatur gemessen. Kinder mit einer Temperatur über 38,5 Grad Celsius werden in einem Bereich auf der rechten Seite der Halle gemeinsam versorgt. Die nicht fiebernden Kinder werden auf der anderen Seite des Raumes gesammelt.

13:15

Privatdozent Dr. med. Martin Becker geht als stellvertretender Klinikdirektor mit schweren Schritten zum Eingang der Klinik. Er erklärt den wartenden Eltern, dass die Klinik jetzt nicht mehr handlungsfähig ist.

„Wir haben hier keinen Notstrom mehr. Die verfügbaren Medikamente sind alle ausgegeben und selbst das Verbandsmaterial reicht nur noch für wenige Verbände."

Als sich ein Welle des Protests erheben will, fügt er rasch hinzu: „Alle Mitarbeiter dieser Klinik sind seit drei Tagen ununterbrochen im Einsatz. Jetzt ist der Punkt erreicht, an dem wir bedauerlicherweise keinerlei Handlungsspielraum mehr haben. Es tut uns sehr leid."

Das vorletzte Blatt Papier wird an die Haupteingangstür gehängt, bevor diese von innen verschlossen wird, mit der Aufschrift:

KINDERKLINIK
WEGEN STROMAUSFALL
GESCHLOSSEN

14:00

Die Einsatzwagen auf den 26 Marktplätzen in Bochum senden über ihre Lautsprecher ab 12 Uhr Mittags zu jeder vollen Stunde eine Ansprache des Oberbürgermeisters, die der Erstinformation der Bürgerinnen und Bürger dient.

In fast jedem Stadtteil wird sie sinngemäß in die dort üblichen weiteren Sprachen wie polnisch oder türkisch übersetzt.
„Liebe Bürgerinnen und Bürger der Stadt Bochum, wir haben nach fast 72 Stunden einen flächendeckenden Ausfall der Notstromversorgung in den Krankenhäusern der Stadt zu verzeichnen."

Nach einer kurzen Pause fährt er mit einer positiven Botschaft fort:

„Wir haben in allen Stadtteilen auf den Marktplätzen Anlaufstellen eingerichtet. Die Feuerwehr und die Rettungsdienste sind hier ihre direkten Ansprechpartner."

Danach folgt noch ein Aufruf an alle Ärzte und medizinisches Personal, dort vor Ort Erste Hilfe zu leisten.

„Bitte bleiben Sie ruhig und besonnen. Bitte informieren Sie auch ihre Nachbarn. Gemeinsam werden wir Bochumer diese Krise zusammen durchstehen. Glück auf!"

Der Krisenstab der Stadt hat zur eigenen Überraschung festgestellt, dass es jetzt, nach dem Ausfall sämtlicher Krankenhäuser, keine verfügbaren Listen mit den privaten Adressen der Ärzte und weiterer wichtigen Berufsgruppen in der Stadt gibt. Aber auch die Server der Kassenärztlichen Vereinigung waren längst in die Knie gegangen, ausgedruckte Listen existieren auch hier nicht.

Deshalb hofft der Krisenstab, dass möglichst viele diese Botschaft hören und sich freiwillig an den Notfallpunkten auf den Marktplätzen einfinden werden.

14:22

Es klopft heftig an der Haustür von Frau Dr. Maring. Der neue Nachbar Lucas Schneider, der drei Häuser weiter unten wohnt und samt seiner Frau Vanessa vor drei Monaten hergezogen war, steht ganz aufgeregt davor.

„Meine Frau, es geht los, wir brauchen Sie jetzt!" Frau Dr. Maring versucht, sich an Vanessa Schneider zu erinnern. Sie haben sich erst zweimal gesehen, damals schien sie schwanger zu sein. Sollte jetzt etwa die Geburt anstehen?

Geburtshilfe ist nicht das, was bei einer Internistin in der täglichen Routine vorkommt. Sie erinnert sich nur noch ganz dunkel an ihr Gynäkologiepraktikum während des Studiums – und das ist schon viele Jahre her.

Doch bei der Fortbildung hatte Doctora von ihrer Zeit aus Lateinamerika berichtet, erinnert sie sich. Sie könnte mein Telefon-Joker sein!

Dr. Maring greift sich ihre Hausbesuchstasche samt Walkie-Talkie und folgt ihrem Nachbarn mit schnellen Schritten.

Das Haus ist gemütlich eingerichtet, aber es ist ziemlich kühl. Vanessa hat sich in eine Decke gehüllt und ist recht unruhig. Es ist das erste Kind der beiden.

Frau Dr. Maring verschafft sich einen Überblick. Blutdruck und Puls sind normal. Die Wehen kommen im Abstand von 10 bis 15 Minuten. Laut Mutterpass steht mit 39+2 die Geburt eines reifen Babys bevor.

Sie greift zum Walkie-Talkie und stellt über Marion den Kontakt zu Doctora her. Die Eckdaten sind schnell übermittelt. Die Fragen nach der Kindslage und wie weit der Muttermund geöffnet sei, bleiben zunächst unbeantwortet. Das war's mit Telefon-Joker. „Kannst Du herkommen? Ich brauche Unterstützung hier. Roger."

15:09

Herr Abramovic hat sich ein Herz gefasst und bei seiner Nachbarin nebenan geklopft. Er hat den ganzen Tag keine Geräusche, wie das Rücken des Stuhls über den Parkettboden in der Küche, gehört – welches ihn eigentlich immer stört. Deshalb hat er angefangen, sich Sorgen zu machen.

Nach einer Weile öffnet Frau Anita Koslowski die Tür und schaut ihn ganz verschwommen und mit unsicheren Beinen an. Sie wirkt leicht verwirrt und erkennt ihn nicht gleich. Ihre weißen Haare sind ungekämmt, was untypisch für die 76-Jährige ist, da sie immer sehr viel Wert auf ihr äußeres Erscheinungsbild legt.

Micael Abramovic bemerkt sehr schnell, dass etwas mit ihr nicht stimmt. Er fasst sie sanft am Arm und stützt sie auf dem Weg in die Küche, wo sie ermattet auf den Stuhl sinkt. In ihrem Mundwinkel sind weißliche zähe Ablagerungen, die beim Sprechen Faden ziehen, zu sehen. Ihre Zunge scheint so trocken, dass sie kaum zu verstehen ist.

Er blickt sich um. Auf der Küchenzeile steht eine leere Flasche und ein eingetrocknetes Glas mit Saftspuren. Die Gute könnte am Austrocknen sein, denkt er sich. „Bleib hier sitzen, Anita, ich hole dir eine Flasche Wasser."

Er macht sich mit seinen kleinen Tippelschritten auf den Weg und lässt die Wohnungstür für den kleinen Moment offen stehen. Nach wenigen Minuten kommt er mit der großen Flasche stilles Wasser aus seinem Vorrat wieder zurück. Er nimmt ein sauberes Glas aus dem Vitrinenschrank und füllt es bis zur Hälfte. „Hier, trink in kleinen Schlucken. Das Wasser ist etwas kühl."

Es dauert, bis zwei Gläser mit dem kühlen Nass in Anitas Körper angekommen und verteilt sind. So allmählich klart ihr Blick auf und sie beginnt wieder in klaren, verständlichen Sätzen zu sprechen.

„Welchen Tag haben wir heute?", fragt Anita. Es ist Sonntag und Tag drei ohne Strom, antwortet Micael mit einem leichten Lächeln.

Anita versucht sich zu erinnern. Freitagnachmittags geht sie immer einkaufen für das Wochenende. Doch diesmal war der Supermarkt dunkel und geschlossen. Auch das Büdchen an der Ecke war zu. Sie hatte sich noch gewundert, denn der Kiosk war sonst immer auf – auch am Sonntag. Danach fehlt ihr ein Stück in ihrer Erinnerung.

Micael erzählt ihr, dass es seit Donnerstagnachmittag schon keinen Strom mehr gibt und er deshalb eine Nacht zusammen mit Frau Gertrud Schmitting im Krankenhaus verbringen durfte. Die letzten beiden Nächte habe er in seinem Bett mit den Schaffellen gut und warm geschlafen.

„Und wie lange dauert es noch, bis der Strom wieder kommt?", fragt Anita wie ein kleines Mädchen, das die letzten Tage vor Weihnachten kaum erwarten kann.

Wenn ich diese Antwort schon wüsste, denkt Micael, und hofft, dass es ihn nicht wieder Jahre seines Lebens kosten würde, denn davon hatte er – im Gegensatz zu seiner Kindheit und Jugend – jetzt doch nicht mehr so viele vor sich, mit 92.

„Mach dich ein wenig hübsch. Ich schaue mal, was ich uns zum Abendessen zaubern kann. Wir sehen uns gleich in einer Viertelstunde bei mir." Die Pendeluhr in ihrem Wohnzimmer ist stehen geblieben. Micael schaut auf seine alte, goldene mechanische Armbanduhr. Dreht die Zeiger der Pendeluhr auf 15.45 Uhr und zieht das Uhrwerk mit dem großen Schlüssel auf. Danach zieht er damit noch das Läutwerk auf.

„Jetzt weißt du wieder, was die Stunde geschlagen hat", sagt er verschmitzt. „Bis gleich um vier bei mir."

17:32

Markus hat mich nach Günningfeld gefahren, damit ich zusammen mit Frau Dr. Maring nach Vanessa Schneider schauen kann. Ich halte mich nicht für die Expertin, was Geburtshilfe anbelangt.

Während meiner Zeit in Lateinamerika habe ich zwar dreißig Geburten unter abenteuerlichen Bedingungen miterlebt und hier im vergangenen Jahr einen Kommunikationskurs für zugewanderte Hebammen entwickelt und unterrichtet.

In der Spitzenmedizin werden die **Leopoldschen Handgriffe** zur Lagebestimmung des Kindes gar nicht mehr gelehrt. Die Hebammen beherrschen diese Technik noch sicher. So vage erinnere ich mich noch daran und kann den Rücken und den Kopf des Kindes tasten. Es liegt richtig, mit dem Kopf in Richtung Becken, der Rücken ist unter meiner rechten Hand zu tasten und liegt somit auf der linken Seite.

Die Herztöne sind schnell und rhythmisch mit dem Stethoskop zu hören. Frau Dr. Maring wiederholt die Untersuchung unter Supervision, damit Sie den Geburtsverlauf besser einschätzen kann.

Der Muttermund ist erst 1 cm geöffnet und steht noch. Es wird also noch eine ganze Weile dauern, bis der neue Erdenbürger das Licht der Welt erblicken wird.

Vanessa und Lucas haben sich die Geburtshilfe im Elisabeth-Krankenhaus angesehen und dort auch den Geburtsvorbereitungskurs besucht. Jetzt ist das plötzlich keine Option mehr.

Es gilt jetzt, die Zeit zu nutzen, um noch ein paar Vorbereitungen für die anstehende außerplanmäßige Hausgeburt zu treffen.

Währenddessen gehen Markus und Lucas zusammen mit Olly durch die Dunkelheit zum Marktplatz in Günnigfeld. Vielleicht ist es möglich, über die Feuerwehr noch eine Hebamme hier in der Nähe zu finden?

18:00

Familie Sundermann hat den Überraschungsgast, die kleine Laura, mit offenen Armen empfangen. Sonja hat sich von dem Schreck, dass es Eltern geben kann, die ein eigenes Kind derartig schlecht behandeln, relativ schnell erholt.

Ron hat ganz pragmatisch das Gästebett noch mit in das zum Glück großzügige Schlafzimmer gestellt, direkt neben Antons Bett. Laura hat ihren grauen Kuschelhasen ganz fest im Arm. Josy hat ihn voller Freude entdeckt und fragt: „Hasi?“

Damit ist das Eis schnell gebrochen und Laura ist froh, dass es noch wirklich liebe Menschen außerhalb des Krankenhauses zu geben scheint.

Nach dem Abendessen, es gab rote Linsensuppe, ging es nach dem Zähneputzen für alle vier Kinder ab ins Bett. Wie jeden Abend wurden noch ein paar Seiten aus dem Märchenbuch für Kinder vorgelesen.

Für Laura war das eine ganz neue, aufregende Erfahrung, etwas vorgelesen zu bekommen. War aber – schwups – als erste eingeschlafen. Josy und Paul waren ebenfalls müde und ihre Augen fielen kurz darauf nacheinander zu. Nur Anton flüsterte noch eine Weile mit seiner Mama.

18:42

Markus und Lucas waren inzwischen von ihrem „Abenteuerspaziergang“ wieder zurück. Der Feuerwehr ist es nicht gelungen, auch nicht über die Zentrale, den Kontakt zu einer Hebamme herzustellen.

Unterwegs waren ihnen schon ein paar merkwürdige Grüppchen von vier bis sechs Jugendlichen begegnet. Dank des perfekt und kräftig umgesetzten Kommandos „Gib Laut“ von Olly haben sie es aber vorgezogen, lieber die Straßenseite zu wechseln und vorsichtshalber freundlich zu grüßen.

Vanessa war inzwischen zusammen mit Dr. Maring gut über den weiteren Ablauf informiert, sofern es zu keinen Komplikationen kommt. Wahrscheinlich wird es noch eine Weile dauern, bis der Muttermund sich vollständig öffnen wird. Sobald die Wehen alle fünf Minuten kämen, wäre es immer noch früh genug, um über das Walkie-Talkie Bescheid zu geben.

Dr. Maring plant, gegen 22 Uhr noch einmal vorbeizukommen, um nach dem Rechten zu sehen. Eine Geburt ist schließlich seit tausenden von Generationen ein ganz natürlicher Vorgang.

19:12

Was für ein Tag. Jetzt würden wir uns gern mit einem Abendessen bei unserem Lieblingsitaliener belohnen. Aber als Markus und ich vorbeifuhren, war alles stockdunkel – kein Wunder.

Fünfter Tag ohne

Ein Montag mit neuen Herausforderungen

Die dritte Nacht ist es in ganz Bochum friedlich geblieben. Das ist im Wesentlichen den Schützenvereinen zu verdanken. In fast allen Stadtteilen gibt es immer noch die gut organisierten Bürgerschützen, auch Maischützen genannt. Die Vereinsmitglieder sind gut geübt im Marschieren und im Umgang mit Luftgewehren. Zudem haben alle eine Uniform im Schrank mit Mützen und Paradesäbel. Man kennt sich untereinander und weiß ganz genau, wer wo im Viertel wohnt. So haben sich die Schützen bereits am frühen Freitag-Nachmittag an ihren Stammlokalen versammelt.

Die Wirte haben für ihre Schützenbruderschaft die Versammlungsräume geöffnet und das Bier aus den angezapften Fässern spendiert. Es schmeckt auch ungekühlt immer noch recht manierlich.

Ganz zügig wird klar und einstimmig beschlossen, dass während der Dunkelheit kontinuierlich Patrouillengänge durchgeführt werden. Jeweils zu zweit in einem Viertel. Damit es nicht zu langweilig würde, bildet man Teams aus einem Jungschützen und einem Altschützen. Die Altschützen wissen ganz genau, wo wer wohnt, und die Jungschützen lernen, sich so ohne Navi im Dunkeln zurechtzufinden.

Die Routen wurden so festgelegt, dass man zu einer bestimmten Zeit mit der Patrouille aus dem Nachbarsprengel zusammentrifft. So kann auch gleich der Informationsfluss in Gang gehalten werden. Mitten im Winter beginnen die Nächte mit der Dämmerung gegen 16 Uhr und dauern bis zum Sonnenaufgang gegen 8 Uhr in der Früh.

Deshalb wird um Mitternacht ein fester Wachwechsel auf dem Marktplatz eingeplant. Damit ist auch ein aktiver Informationsfluss mit der Feuerwehr gegeben. Die Polizei ist zudem für diese verlässliche Unterstützung recht dankbar.

All diese Informationen aus der Stadt tragen mit dazu bei, den Lagebericht für den Krisenstab zu vervollständigen.

04:32

Seit Mitternacht gehen Gerd und Alexander durch die Straßen. Gerd ist ein sehr rüstiger Rentner mit 79 Jahren. Alex ist gerade erst 18 Jahre. Er könnte locker schon sein Enkel sein. Bisher haben sie sich nur beim Schießtraining gesehen.

Alex hat Mühe, sich im Dunkeln sicher zu orientieren, während das für Gerd ganz einfach ist. Er erklärt ihm ganz ausführlich, wer jetzt in welchem Haus lebt und was da früher mal drin war. Auf diese Art und Weise erfährt Alex auch, welche Familien miteinander weitläufig verwandt sind.

Als sie um die Ecke zum Treffpunkt mit Friedel und Tom biegen, hören sie die beiden schon aufgeregt miteinander sprechen.

Drei Straßen weiter hat es einen Sturz im Haus gegeben. Rita Striebeck ist mit ihren 83 Jahren im Dunkeln gestolpert und lang hingeschlagen. Mit lauten Rufen hat sie sich bemerkbar gemacht.

Sie hat eine große Platzwunde am Kopf. Die Nachbarin hat ihr inzwischen ein sauberes Handtuch auf die Blutung gedrückt. Jetzt ist die Frage – was tun? Friedel und Tom versprechen, die Nachricht zügig weiterzuleiten.

Über Gerd und Alex ist diese Information eine halbe Stunde später schon bei der Feuerwehr auf dem Marktplatz angekommen. Die Feuerwehrmänner fragen in der Leitstelle nach. Da die Krankenhäuser alle ausnahmslos abgemeldet sind, bleibt nur noch der mobile Rettungsdienst. Also wird ein Wagen mit einem Notfallsanitäter und einem Rettungsassistenten zu Frau Striebeck geschickt.

Nach insgesamt einer guten Stunde ist die Wunde gereinigt und mit Klammerpflaster versorgt. Es gibt noch ein paar aufmunternde Worte für die alte Dame, und die Nachbarin bekommt die Information, dass sie in den nächsten Stunden und dem darauffolgenden Tag in regelmäßigen Abständen nach ihr sehen soll .

Das ist das Maximum, was zur Zeit möglich ist. Nachbarschaftshilfe und eine solide Basisversorgung auf Dritte-Welt-Niveau.

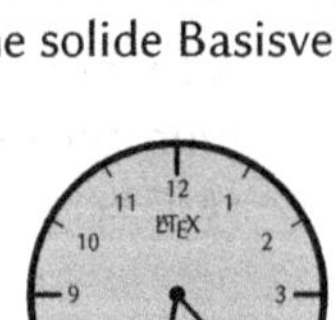

06:23

Das Walkie-Talkie auf dem Nachttisch knackt, Marion ist dran. Frau Dr. Maring hat sich bei ihr gemeldet. Bei Vanessa Schneider kommen die Wehen jetzt regelmäßig alle 5 Minuten. Sie möchte gerne Unterstützung haben.

Vorsichtig spreche ich Markus an, der sowieso schon von der Meldung wach geworden ist. „Na klar fahre ich dich, mein Schatz, ich kenne den Weg noch von gestern Abend.“ Wir machen uns kurz frisch mit etwas Wasser aus der Badewanne, die nach inzwischen viereinhalb Tagen noch gut halbvoll ist.

In der Küche machen wir uns, während das Wasser für die beiden Thermosflaschen zum Mitnehmen heiß wird, noch einen italienischen Mokka auf dem neuen kleinen Gasherd.

Olly steht schon an der Tür, als wir uns mit der großen gepackten Notfalltasche im Flur die dicken Schuhe und Mäntel anziehen.

„Na klar kommst du mit, du Guter.“ Eine Flasche Wasser und eine Dose Futter hat Markus für Olly auch schon eingepackt. „Wer weiß, wie lange wir diesmal unterwegs sein werden“, fügt er mit einem Lachen hinzu „Mit meiner Frau Doctora wird es nie langweilig“ – und ein liebevoller Kuss ist der perfekte Start in diesen neuen Tag.

07:03

Der abnehmende Mond leuchtet hell als schmale Sichel – zusammen mit einigen Sternen. So etwas sieht man hier bei uns sonst nicht. Es ist schon erstaunlich, wie viel mehr am Firmament wir entdecken können ohne die ganze Lichtverschmutzung, an die wir uns hier im Ruhrgebiet schon so gewöhnt haben.

Die Haustür öffnet uns Lucas Schneider. Er sieht nicht so aus, als habe er in dieser Nacht so etwas wie Schlaf abbekommen. Frau Dr. Maring ist auch da und wirkt angenehm ruhig.

Der wärmste Raum des Hauses ist die große zentral liegende Wohnküche. Das Schlafsofa steht in der Mitte des Raumes und ist mit einer dicken Malerfolie als Flüssigkeitsschutz abgedeckt. Es ist damit zu rechnen, dass sich ein paar Liter Fruchtwasser hier entleeren könnten. Darüber ist ein Bettlaken gespannt.

Auf dem Küchentisch liegen all die Utensilien bereit, von denen wir annehmen, dass wir sie gebrauchen könnten. Die inzwischen obligatorische und universell einsetzbare **Folienknisterdecke** darf auch hier nicht fehlen.

Wir untersuchen Vanessa noch einmal gemeinsam. Der Kopf sitzt nunmehr fest im kleinen Becken und der Rücken ist immer noch unter der rechten Hand zu tasten und hat seine Lage nicht verändert. Der

Muttermund ist inzwischen vollständig verstrichen und die Fruchtblase steht noch.

Vanessa liegt auf der rechten Seite und hat beide Knie angezogen. Doch jetzt möchte sie lieber knien und die Arme auf dem Kopfteil abstützen. Lucas setzt sich vor das Kopfteil, damit Vanessa ihren Kopf auf seiner Schulter ablegen kann.

Mit der nächsten Wehe macht es „Platsch" und ein Schwall körperwarmen klaren Fruchtwassers entleert sich im Schein der rundherum in großem Abstand aufgestellten Laternen mit Teelichtern.

Der Kopf ist direkt nachgerutscht und ich versuche den Damm zu schützen. Mit der zweiten Wehe ist das kleine Köpfchen schon halb zu sehen. Vanessa soll jetzt hecheln und tut das jetzt zusammen mit Lucas auch laut hörbar.

Olly hebt in der anderen Ecke des Raumes seinen Kopf, als wolle er fragen – was ist denn mit diesen Menschen plötzlich los?

Mit der dritten Presswehe ist der Kopf komplett geboren. Damit die Schulter gut durch den Geburtskanal gleiten kann, wird das Köpfchen vorsichtig in Richtung Steiß der Mutter bewegt.

Gerade rechtzeitig fängt Dr. Maring das kleine Wesen mit einem weichen Handtuch auf. Es ist sofort rosig und fängt nach dem ersten Einatmen sofort an zu schreien.

Markus schaut auf seine Armbanduhr und stellt die Lünette seiner mechanischen Armbanduhr auf 33 Minuten, um die genaue Geburtszeit 7.33 Uhr bei der ganzen Aufregung sicher zu bestimmen.

Vanessa legt sich erschöpft halb schräg auf die Seite. Dr. Maring legt ihr das kleine Bündel auf die Brust und in die Arme.

Vanessa und Lucas schauen staunend das kleine Wunder der Natur an. Dann beginnt das kleine Menschlein zu suchen. Vanessa legt es zum ersten Mal an. Es beginnt kräftig zu saugen. Wir decken die beiden gut zu, damit sie warm bleiben.

Die Nabelschnur hört nach einer Weile auf zu pulsieren und die Plazenta löst sich ganz von alleine. Sie ist vollständig und damit ist diese Geburt perfekt verlaufen. Mit dem heißen Wasser aus der einen Thermoskanne machen wir uns einen wunderschönen Kräutertee aus Anis, Fenchel und Kümmel.

Nach einer gefühlten Stunde untersuchen wir den neuen Erdenbürger ganz kurz. Länge 55 cm, Kopfumfang 38 cm und 3.650 g Geburtsgewicht. Es ist alles dran, zehn Finger und zehn Zehen, keine Auffälligkeiten.

Mit den dunkeln Haaren und den großen runden Knopfaugen ist es ein perfektes kleines gesundes Mädchen. Vanessa und Lucas schauen sie sich an und sagen wie aus einem Munde „Du bist unser Mondkind und wirst den Namen Luna Marie tragen."

„Luna Marie Schneider", sage ich feierlich „geboren am 12.12.2022" – und Markus ergänzt voller Stolz, da er ja schließlich mit dabei war: „Um 07 Uhr und 33 Minuten hat sie das Licht der Welt erblickt!"

Na, wenn man es genau nimmt, war es eher der Kerzenschein in der Küche. Sie ist nur knapp vor der aufgehenden Sonne geboren.

08:17

Auf den Marktplätzen treffen sich die Bürgerschützen nach ihren letzten Nachtwachenrunden. Es ist der dritte Morgen und inzwischen kommen einige Anwohner zu dieser Zeit auf den Marktplatz. Sie haben in ihren Körben Thermoskannen mit Kaffee und Becher.

Zusammen mit der Feuerwehr gibt es dabei einen Austausch über die Lage in den Stadtteilen. Insgesamt war es in Bochum wieder eine eher ruhige Nacht. Was unter diesen Umständen schon sehr bemerkenswert ist.

Ein Bäcker hat über das Wochenende zusammen mit seinem Nachbarn, der einen Heizungsbetrieb hat, ein wenig getüftelt. Das Ergebnis ist ein Backofen, der mit Propangas aus Flaschen betrieben wird. Ähnliches wird von den Bäckereien in Hamme und Harpen berichtet, die so wieder Fladenbrote herstellen. Die Lösung scheint also im kollektiven Unbewussten zu liegen und dieses Wissen ist somit an vielen Orten gleichzeitig verfügbar.

Die frisch gebackenen und noch lauwarmen Brötchen sind mit etwas Butter ein Hochgenuss für alle, die sich gerade auf dem kleinen Marktplatz in Wiemelhausen zwischen Kirche und Sparkasse versammelt haben.

09:00

Der Krisenstab der Stadt nimmt die aktuellen Lageberichte aus den sechs Bezirken aufmerksam auf. Auf der großen Karte im Sitzungsraum sind alle 26 Standorte der Feuerwehrposten mit jeweils einem grünen Fähnchen markiert. Am heutigen Montagmorgen kann eine erfreuliche Zwischenbilanz gezogen werden.

Aus allen öffentlichen Gebäuden konnten die Menschen aus den steckengebliebenen Aufzügen befreit werden. Nur die Rückmeldung aus Querenburg steht noch aus. Dort stehen die meisten Hochhäuser sowie die Ruhruniversität und der Gesundheitscampus mit den Studentenwohnheimen.

Die zehn Krankenhäuser sind alle ohne Strom, den Notstromaggregaten ist der Treibstoff ausgegangen und die Häuser haben am Sonntagmittag ihre Krankenversorgung komplett einstellen müssen. Einzig und allein die Notaufnahmen des Bergmannsheil und des Knappschaftskrankenhauses in Langendreer sind für die Angehörigen der KRITIS[7] noch in Betrieb und werden mit Notstrom-Diesel-Aggregaten der Feuerwehr versorgt. Die Bedingungen gleichen den Bildern, die wir aus fernen Kriegsgebieten kennen.

Von den Intensivstationen sind bisher 178 Tote nach dem Ausfall des Notstroms gemeldet worden, darunter 22 Kinder und Jugendliche. Die Zahl der von der Polizei gemeldeten Suizide im öffentlichen Raum beläuft sich auf 24 Tote. Raubüberfälle sind erfreulicherweise bisher nicht gemeldet worden.

Die Zahl der Toten in den Wohnungen lässt sich noch nicht einmal abschätzen. Nach drei Tagen ohne Wasser und kaum ausreichender Wärme ist zu erwarten, dass diese Zahlen sprunghaft ansteigen werden.

Die Nahrungsmittelvorräte bei geschätzten 25 bis 65 % der Bevölkerung dürften nach dem Wochenende aufgebraucht sein. Das Technische Hilfswerk hat die Transporte mit den Notfallrationen zu den 26 Standorten in den Stadtteilen vorbereitet. Pro Person sind zunächst ein Wasserpäckchen mit 500 ml und ein Carepaket vorgesehen.

Die Tankwagen mit Trinkwasser sind noch nicht einsatzbereit. Da sind die elektrischen Trinkwasserpumpen das Nadelöhr. Es gibt fast keine mechanischen Pumpen mehr. Aus dem Bergbaumuseum hat man fünf alte mechanische Pumpen entliehen, die gerade an der Hauptfeuerwache überholt und einsatzbereit gemacht werden.

Die Bauern mit Nutzviehhaltung mussten ihre Bestände zum großen Teil notschlachten. Mit Hilfe der Kreisjägerschaft konnten die Hausschweine sachgerecht aufgebrochen und bei den kühlen Temperaturen von unter 8 Grad zunächst sicher und kühl vor Ort gelagert werden.

Die Milchkühe werden per Hand gemolken. Über die Pfadfinderschaft in der Nähe der Höfe haben sich die Jugendlichen der Pfadfinder- und

[7] Kritische Infrastruktur

Roverstufe – also die 14- bis 18-Jährigen – bereits am Freitag eingefunden. Inzwischen sind seit Montag die Jungpfadfinder von 12 bis 14 Jahren zur Verstärkung dazu gestoßen und werden von den Rovern mitbetreut.

In einem Workshop wurden sie von den Bauern in die Kunst des Melkens eingeführt. Einige Höfe haben dafür„Patenschaften“ übernommen. Im Gegenzug durften die Pfadfinder die Rohmilch mit nach Hause nehmen.

Der Leitspruch der Pfadfinder „Jeden Tag eine gute Tat“ lässt sich aktuell mit mehr als einer guten Tat am Tag ganz einfach umsetzen.

Der Stadtdirektor, der zugleich der Leiter des Krisenstabes ist, hat ein paar Stichpunkte mitgeschrieben und schiebt seine Notizen dem Pressesprecher zu. „Daraus machen Sie eine positive Pressemitteilung. Unser Bürgermeister bereitet eine Ansprache vor, die ab 12 Uhr wieder über die Lautsprecheransagen auf den Marktplätzen verbreitet wird.“

Die Vertreterin des Gesundheitsamtes hat noch zwei wichtige Nachfragen aus der Sicht der Seuchenprävention:

1. Wo sammeln wir die Toten, die wir in den nächsten Tagen in den Wohnungen vorfinden werden?
2. Wo können zentrale Müllabladestellen eingerichtet werden? Die reguläre Entsorgung über den Umweltservice Bochum (USB) kann wegen des Treibstoffmangels für die Entsorgungsfahrzeuge nicht aufrecht erhalten werden. Zudem fallen menschliche Ausscheidungen an, die nicht über die Kanalisation abgeleitet werden können. Dazu fehlt es an Wasser. Nur die wenigsten Haushalte spülen mit Regenwasser ihre Toiletten.

Beide Fragen bedürfen einer zentralen Antwort und das auch noch bis zur Ansprache des Bürgermeisters in zwei Stunden.

Deshalb werden zwei Arbeitsgruppen mit jeweils drei Experten gebildet. Innerhalb von 90 Minuten müssen sie praktikable, leicht umsetzbare und möglichst sichere Lösungen finden und durchdenken.

«Top – die Wette gilt und die Zeit läuft ab jetzt!» hätte Thomas Gottschalk in seiner Sendung *Wetten das?* an dieser Stelle gesagt.

10:07

Im Haus von Familie Kleinschmidt am Südring geht es im Augenblick alles andere als ruhig zu. Katharina verkraftet den Tod ihrer Tochter Hannah nicht.

Sie hat sich am Samstagabend, nachdem sie Hannah in der Rechtsmedizin identifiziert hat, zurückgezogen und als „Trost“ eine Flasche Wein in sich hineingeschüttet. Danach ist sie mit der nötigen Bettschwere rasch eingeschlafen. Am Sonntag hat sie die nächste Flasche Wein statt Mittagessen zu sich genommen. Um den Schmerz der Trauer zu betäuben und ihre Selbstvorwürfe zu ersäufen, hat sie dann am Abend zu den härteren Spirituosen gegriffen.

Eben ist sie mit einem fürchterlichen Brummschädel aufgewacht, und da die Wodkaflasche noch zu einem Drittel voll war, hat sie gleich ein Wasserglas voll Wodka getrunken.

Halb bekleidet und mit wirrem Haar steht sie, die fast leere Wodkaflasche in der Hand, im Treppenhaus und brüllt: „Hannah, wo bischt du schooon widda. Komm gefällichst wieda nach Hause. Isch warte hier.“ Sie setzt sich auf die unterste Treppenstufe und beginnt laut hörbar zu weinen.

Simone Kleinschmidt setzt sich neben sie und legt ihr den Arm um die Schulter. Sie ahnt, warum Katharina ihr gestern nicht die Tür geöffnet hat. Sie war einfach nicht dazu in der Lage.

Nach einer Weile lässt Katharina sich überreden mitzukommen, denn allmählich wird ihr fröstelig im kalten Treppenhaus.

11:17

Tom und Maja haben keine Idee, wie viele Menschen gerade im Haus leben. So grob kennt man ja die Nachbarn zumindest vom Sehen. Aber wer genau hinter welcher der acht Türen wohnt und so kurz vor Weihnachten wirklich zuhause ist, wissen sie beide noch nicht.

Ihre Mutter hat sie ermutigt, genau dies jetzt herauszufinden. Tom hat ein Klemmbrett in der Hand. Darauf hat er einen Zettel mit Feldern für die vier Etagen vorbereitet, in die sie die Namen der Bewohner eintragen.

Maja und Tom fangen ganz unten bei der Klingelanlage an und ergänzen zuerst die noch fehlenden Namen auf ihrer Liste.

Sie klopfen als erstes bei den Nachbarn an, die sie bereits kennen. Bei manchen müssen sie ein zweites Mal und auch kräftiger klopfen.

Im Erdgeschoss rechts wohnen die Eheleute Symanski, beide sind gerade im Oktober erst Rentner geworden und kümmern sich immer um das Vorgärtchen. Den beiden geht es gut.

Daneben wohnt die verwitwete und schon sehr alte Frau Schulte. Sie hat gefragt, ob die beiden nicht für sie einkaufen gehen könnten. Der Lieferservice hat am Freitag nichts geliefert und ihre Vorräte gehen langsam zur Neige.

Im ersten Obergeschoss wohnen rechts Herr und Frau Gleiber, sie etwa Anfang 50; links gegenüber wohnt ihr Sohn Manfred Gleiber mit seiner Freundin Christine. Allen vieren geht es soweit auch gut.

Im 3. Stock wohnen sie selber und Familie Grevenstein, jetzt nur noch Katharina ohne Hannah. Und Katharina geht es gar nicht gut.

Ganz oben in der 4. Etage rechts wohnen die beiden Medizinstudentinnen aus Irland, Anne und Conny.

Und der junge Herr Özcan öffnet nicht. Am Ende haben sie mit sechs Parteien gesprochen. Nur im 4. Stock links bei Özcan hat niemand geöffnet und mit sich selber sprechen mussten sie ja nicht. Insgesamt leben also vierzehn Menschen hier in diesem Haus.

Maja hat bei allen auch gefragt wie sie das jetzt mit der Toilette machen. Ohne Strom funktioniert auch kein Wasser, jedenfalls bei den meisten. Erstaunlicherweise gibt es im Erdgeschoss noch einen dünnen Strahl, und wenn man lange genug wartet, kann man sich damit auch einen kleinen Eimer füllen.

Ab der ersten Etage tröpfelt es nur noch ganz wenig. Und oben bei ihnen selbst und im vierten Stock kommt sowieso gar nichts mehr aus der Leitung.

Tom kommt auf die Idee, dass es im Keller noch eine Waschküche gibt mit einem Wasserhahn, an den im Sommer der Schlauch für das Wässern der Bäume angeschlossen wird.

Sie schnappen sich beide einen leeren Putzeimer und gehen runter in den Keller. Es gibt kein Licht, aber sie haben eine Taschenlampe dabei. In der Waschküche ist der Wasserhahn und tatsächlich kommt da noch etwas Wasser heraus. Zwar langsam, dafür stetig und es dauert eine gefühlte Ewigkeit, bis der erste Eimer gefüllt ist und danach auch der zweite. Sie schleppen die Eimer nach oben und fangen an, die Badewanne damit zu füllen. Nach zehnmal laufen ist die Badewanne etwas mehr als zur Hälfte gefüllt.

Maja geht nochmal eine Etage höher zu Anne und Conny und verrät ihnen, dass sie sich so auch Wasser beschaffen können.

Für Katharina gehen Tom und Maja eine Runde extra, damit auch sie die Toilette weiter benutzen kann.

12:00

Im Krisenstab haben alle schwer gearbeitet und nach Lösungen gesucht. Einige Vorschläge sind bereits fertig, andere noch in der Überprüfung durch die Experten. Die Pressestelle hat noch nicht alle Informationen bündeln können, deshalb wird die Ansprache des Bürgermeisters verschoben.

14:00

„Liebe Bürgerinnen und Bürger der Stadt Bochum“, beginnt der Oberbürgermeister seine Botschaft am Montag, die erneut per Lautsprecher verbreitet wird.

„Wir haben nach fast vier Tagen immer noch einen flächendeckenden Ausfall der Stromversorgung im gesamten Stadtgebiet zu verzeichnen. Davon ebenfalls betroffen sind inzwischen fast alle Bundesländer.“

Nach einer kurzen Pause fährt er mit einer positiven Botschaft fort:

„Wie Sie schon bemerkt haben, sind in allen 26 Stadtteilen auf den Marktplätzen Anlaufstellen eingerichtet worden. Die Feuerwehr und die Rettungsdienste sind dort weiterhin Ihre direkten Ansprechpartner.“

Kurze Pause.

„Erfreulicherweise tragen die nächtlichen Patrouillengänge unserer Schützen-Bürgerwehr dazu bei, dass es bisher friedlich geblieben ist und Schadensfälle zeitnah übermittelt und gelöst werden konnten.“

Eine längere Pause mit einem tiefen Atemzug ist zu hören.

„Dennoch sind die Notstromversorgungen in acht unserer zehn Krankenhäuser völlig zum Erliegen gekommen. Bedauerlicherweise konnten unter diesen Umständen nicht alle schwerkranken Menschen gerettet werden. Zudem haben 24 Menschen den Freitod gewählt.

Eine stark eingeschränkte medizinische Notfallversorgung steht über die Feuerwehr an zwei Standorten zur Verfügung, allerdings begrenzt auf extreme Notfälle.“

Er folgt erneut der Aufruf an alle Ärzte, Hebammen und weiteres medizinisches Personal, sich bei den Feuerwehrmeldestellen auf den Marktplätzen zu melden und gegebenenfalls Erste und Zweite Hilfe zu leisten.

„In der Zeit von 15–16 Uhr werden die ersten Notfallpacks mit Wasser ausgegeben.“

Ein letzter wichtiger Hinweis zu den zentralen Abfallsammelstellen folgt noch, weil die USB die reguläre Entsorgung nicht aufrecht erhalten kann. Das Thema Seuchengefahr bleibt an dieser Stelle gezielt unerwähnt, um eine zusätzliche Panik zu vermeiden.

„Bitte bleiben Sie ruhig und besonnen. Informieren Sie sich und auch Ihre Nachbarn. Gemeinsam werden wir Bochumer diese Krise bewältigen. Glück auf!"

Der Bürgermeister atmet tief durch. Es ist eine große Kraftanstrengung, bei all seinem Hintergrundwissen die Stimme kraftvoll und positiv klingen zu lassen, der blecherne Sound der Lautsprecher macht das nicht besser.

14:35

Die Ansprache zeigt ihre Wirkung. Über die realen sozialen Netzwerke breitet sich die Kunde, dass es die ersten Notfallpacks mit Wasser auf den Marktplätzen geben wird, rasant aus.

Herr Abramovic hat beschlossen, sich für seine Nachbarin Anita auf den Weg zu machen. Vom Glockengarten bis zum Altenbochumer Markt sind es rund 600 Meter. Er muss dafür mit gut 20 Minuten rechnen, da er mit seinen kleinen Tippelschritten nicht ganz so schnell vorankommt. Vorsichtshalber hat er seinen Rollator mit Sitzplatz und Körbchen mitgenommen, dann kann er auch mal Pause machen.

Mit Schal, Mütze, Handschuhen und in seinem langen Wintermantel macht er sich auf den Weg.

14:43

Das Feuerwehrfahrzeug steht seit Freitagmorgen direkt vor dem alten Bahnhofsgebäude in Dahlhausen. Es hat sich dort eine kleine Schlange mit Wartenden gebildet, die sich auf dem Marktplatz mit den neuesten Nachrichten versorgen.

Die Supermärkte haben am Freitag auch hier ihre Tiefkühlkost verschenkt und die leicht verderblichen Waren zum reduzierten Preis abgegeben. Die haltbareren Produkte gibt es heute in kleinen Mengen. Das haben die Angestellten ganz prima und einfach gelöst. Sie haben kleine Einkaufszettel ausgegeben, auf der jeder Kunde maximal sieben Produkte aufschreiben konnte. Diese werden am Seiteneingang entgegengenommen.

Die Mitarbeiter sammeln im Laden diese sieben Produkte ein und reichen sie zusammen mit dem ungefähren Preis in dem kleinen Einkaufskörbchen heraus. Das leere Körbchen und das Geld werden dann nach dem Einpacken zusammen übergeben.

So konnten unkontrollierte Hamsterkäufe direkt unterbunden werden und jeder hatte das Gefühl, nicht zu kurz zu kommen und gut bedient zu werden.

Eine Herausforderung ist das Bezahlen. Da die Bankautomaten seit Donnerstag ebenfalls ausgefallen sind, kann dort auch niemand mehr neues Bargeld abheben. Und die elektronische Kartenzahlung geht sowieso längst nicht mehr.

Erstaunlicherweise hat sich das bisher nicht sonderlich nachteilig ausgewirkt. Die meisten Menschen haben einen Vorrat mit Kleingeld und kleinen Scheinen, manche bezahlen einfach für ihre Nachbarn mit.

14:55

Herr Abramovic erreicht den Marktplatz in Altenbochum und erblickt das Feuerwehrauto in der Mitte. Es hat sich eine Warteschlange von geschätzt 25 bis 30 Menschen gebildet. Er stellt sich an und setzt sich geduldig auf seinen Rollator.

Er erinnert sich, dass dies hier ein ähnliches Bild wie 1941 ist. Nur sind die Gebäude alle intakt und es gibt zwischendurch keinen Fliegeralarm.

Zu seiner großen Freude entdeckt er Frau Schmitting, die gerade in Begleitung ihrer Tochter den Marktplatz betritt. Herr Abramovic erhebt sich und winkt vorsichtig in ihre Richtung. Frau Schmitting erkennt ihn beim Näherkommen und macht ihn mit ihrer Tochter bekannt.

Herr Abramovic zieht seine Handschuhe aus und reicht ihr die rechte Hand zur Begrüßung. Ein echter Handschlag mit einem freundlichen *Guten Tag* und einem echten Lächeln im Gesicht – das geht tief rein und berührt die Herzen.

Frau Schmitting erzählt, wie es ihr inzwischen ergangen ist. Ihr Sprunggelenk schmerzt noch etwas. Doch mit dem festen elastischen Verband und einem Gehstock kommt sie ganz gut zurecht. Als Kavalier der alten Schule bietet er ihr seinen Sitzplatz auf seinem Rollator an. So kann sie sich zusätzlich noch mit dem Rücken bei ihm anlehnen. Und er hat den Eindruck, als würde sie sich sogar ein wenig bei ihm ankuscheln.

Bei Schmittings funktioniert weder Licht, noch lässt sich der moderne Gasherd ohne Strom anzünden – von der Öl-Heizung braucht man gar nicht erst zu sprechen. Sie sind bisher mit ihren Vorräten ganz gut zurecht gekommen. Dass nur noch eine „Katzenwäsche“ möglich ist, stört die alte Frau Schmitting wesentlich weniger als ihre 64-jährige Tochter. Diese war es bis letzte Woche gewohnt, mindestens einmal am Tag ausgiebig zu duschen und die Haare zu waschen.

Anfänglich hat sie sich extrem unwohl gefühlt. Doch inzwischen reicht die Menge Wasser aus einem großen Joghurtbecher, um sich wieder frisch zu fühlen und das inklusive Zähneputzen – fügt sie mit einem breiten Lächeln hinzu.

Bisher sind alle in der unmittelbaren Nachbarschaft soweit gesund geblieben. Nur ihre Enkeltochter hat eine kleine Entzündung am Nagelbett. Aber da hilft das gute alte **Handbad mit Kernseife**.

Bei Herrn Abramovic taucht eine alte Erinnerung auf. Er berichtet, dass damals im Krieg, als es keine wirkliche medizinische Versorgung gab, man fast alle Wunden mit Eigenurin behandelt hat. **Eigenurin** ist bei Nierengesunden eine sterile Flussigkeit und vielfältig einsetzbar.

Zum Gurgeln bei Halsschmerzen, zum Desinfizieren von kleinen Wunden, z. B. unter durchgescheuerten Blasen und bei kleinen oberflächlichen Verletzungen an den Händen und Füßen.

Frau Schmitting ergänzt, dass der auch bei Warzen wunderbar wirkt, um diese wieder zum Verschwinden zu bringen.

Die drei haben sich so intensiv unterhalten, dass sie gar nicht bemerkt haben, dass sie fast ganz vorne in der Warteschlange angekommen sind.

Herr Abramovic nimmt das Notfallpäckchen für sich und seine Nachbarin Anita Koslowski dankbar entgegen.

Er verabschiedet sich von den beiden Damen und sie verabreden sich am Mittwochnachmittag wieder hier an derselben Stelle auf dem Marktplatz.

16:12

Es beginnt schon wieder zu dämmern, als wir uns zusammen mit Olly und meiner Hausbesuchstasche auf den Weg zu Familie Sundermann begeben.

Unser Tag hat heute früh mit der Geburt von Luna Marie begonnen. Danach sind wir mit Olly beim Tagesanbruch zum Max-König-Platz gegangen. Über die Feuerwehr haben wir versucht, den Kontakt zu einer Hebamme aus der Nähe herzustellen. Schließlich bedarf die junge

Familie in den ersten 10 Tagen der fachkundigen Begleitung. Früher in den Großfamilien standen die weisen Tanten und Großmütter während des Wochenbettes unterstützend zur Seite.

Immerhin muss man sich keine Gedanken darum machen, wie Luna Marie gefüttert werden soll. Da Vanessa so schön direkt angefangen hat sie zu stillen, ist diese Frage auf ganz natürliche Weise bereits bestens geregelt. Wir sind anschließend noch eine Runde durch den nahegelegenen Krupp-Wald gelaufen und haben dann erst zu Hause gefrühstückt.

Über die Walkie-Talkies haben wir uns als Praxisteam über Mittag dort zum Austausch verabredet. Das benachbarte Krankenhaus wirkt leer und verlassen, die Pforte ist aber noch besetzt.

Fred Merschmeier ist wieder an seinem angestammten Platz. Ob er in der Nähe wohnt und laufen kann? Durch das große Fenster wird die Pforte vom Tageslicht einigermaßen erhellt. Er berichtet, dass auch hier die Hölle los war.

Die Ambulanz ist – ähnlich wie in der Kinderklinik – komplett belagert gewesen von Menschen, die medizinische Hilfe gesucht haben. Vom gequetschten Daumen, über Schnittwunden, die beim Dosenöffnen mit ungeeignetem Werkzeug entstanden, bis hin zu Verbrennungen durch Kerzen und Gasöfen war alles dabei.

Viele Menschen sind den Umgang mit offenem Feuer und Kerzen im Haushalt nicht mehr gewohnt, da sich das nicht mit Wischen und Drücken auf einem Smartphone an- oder ausschalten lässt. Das ist die Kehrseite der Medaille, denke ich, denn es gibt ja für alles LED-Ersatz – vom Teelicht bis zur Kerzenimitation.

Besonders schwierig wurde es auch hier, als die Ankündigung für den Ausfall des Notstroms am Samstagnachmittag vom Vorstand der Krankenhausleitung bekannt wurde. Auf der Intensivstation sei es relativ schnell gegangen und die letzten 12 beatmeten Patienten seien bereits am Vortag gegen 15 Uhr gestorben.

Allerdings befinden sich auf der Station 1 noch vierzehn geriatrische und zum Teil demente Patienten, die nicht entlassen werden konnten. Es gibt auch hier kaum noch Getränke und Nahrungsmittel. Die noch verfügbaren Reste werden von allen Stationen eingesammelt und zur Station 1 gebracht.

Die psychische Belastung ist für das gesamte medizinische Personal kaum auszuhalten. Für die Kolleginnen und Kollegen, die aus ehemaligen Krisengebieten zugewandert sind, ist das ein Déjà-vu, für manche sogar eine Traumareaktivierung. In Deutschland ist aktive Sterbehilfe auch in dieser Krise obsolet und undenkbar.

Das noch ungelöste Problem sei die Frage, wohin mit den Toten? Die Kühlfächer sind alle belegt und die Kühlung funktioniert ohnehin nicht mehr. Der Vorraum ist inzwischen überfüllt. Die Krankenhausleitung hofft, dass es noch einen guten Lösungsvorschlag des Gesundheitsamts oder des Krisenstabs geben wird.

Ansonsten bemüht man sich darum, die Räume so gut es geht vorzubereiten, damit bei der Rückkehr der Stromversorgung ganz rasch der „Regelbetrieb" wieder aufgenommen werden könne.

Im Praxisteam berichten alle nacheinander von den Erlebnissen seit Freitagnachmittag. Die letzten drei Tage waren für alle sehr herausfordernd und erlebnisdicht. Glücklicherweise hat niemand aus unserem Team bisher körperlich ernsthaft Schaden genommen. Ob es zu seelischen Spätfolgen kommt, lässt sich an dieser Stelle noch nicht sagen.

Nach den vorsichtigen Prognosen des Krisenstabes, die natürlich nur hinter vorgehaltener Hand und vertraulich durchgesickert sind, müssen wir uns auf wenigstens zehn Tage einstellen.

Vier ganze Tage haben wir alle schon relativ gut überlebt. Jetzt gilt es, noch bis Dienstag, Mittwoch, Donnerstag, Freitag, Samstag und Sonntag durchzukommen. Optimistisch betrachtet könnte ab nächsten Montag wieder der „Normalzustand" eintreten.

Wenn es sich um eine Woche Urlaub handeln würde, wären wir jetzt alle total tiefenentspannt. Doch in diesem Fall kämpfen wir alle zum ersten Mal um das nackte Überleben. Da können sechs weitere Tage zu einer richtig großen Herausforderung werden.

17:03

Als wir an die Tür klopfen, öffnet uns der kleine Paul. Mit einer eleganten Verbeugung, als würde er – wie im Märchen – als gestiefelter Kater den Hut vor uns ziehen, ruft er zur Begrüßung: „Herreinspaziiiiiert" – und er freut sich dabei.

Josy kommt ebenfalls angetappst, lacht über das ganze Gesicht und klatscht dabei in ihre kleinen Händchen.

Laura und Anton liegen auf dem Sofa vor dem Kamin und spielen „Mensch ärgere Dich nicht". Im Hause Sudermann wird sehr viel Wert auf echtes Spielzeug gelegt. Anton hat auch während des Lockdowns kein eigenes Tablet bekommen und musste in Rons Arbeitszimmer am

Unterricht teilnehmen. Es gibt nämlich nur da einen Computer für die Erwachsenen. Das hat ihm so gar keinen Spaß gemacht.

Laura hat ganz schnell das für sie neue Spiel „Mensch ärgere Dich nicht“ gelernt und hat ihre helle Freude daran, besonders wenn sie die grünen Spielfiguren von Anton rausschmeißen kann. Umgekehrt findet sie das richtig doof, wenn mal ihr rotes Figürchen zurück ins Häuschen muss.

Ich führe bei beiden rasch die Wundkontrolle und den Verbandswechsel durch. Es sieht richtig gut aus. Antons Narbe heilt gut und reizlos aus. Bei Laura bildet sich eine neue Haut an den Füßen und die Schmerzen sind deutlich zurückgegangen.

Die blauen Flecken im Gesicht lösen sich auch langsam über grün nach gelb auf.

Ron und Sonja haben einen großen Topf mit Nudeln und Tomatensauce gekocht und stellen noch schnell zwei Teller dazu.

Wir tauschen uns über die aktuelle Lage aus. Nach unseren Informationen müssen wir uns noch auf mindestens drei bis sechs weitere Tage einstellen.

18:45

Beim Abendspaziergang ist es schon wieder dunkel. Bei uns im Viertel begegnen wir der Bürger-Schützen-Patrouille. Wir tauschen ein paar Worte miteinander aus. Es tut wirklich gut, zu spüren, dass wir alle füreinander da sind.

„Eine ruhige Nacht.“ Die beiden setzen ihren Rundgang fort und Markus und ich freuen uns auf ein Glas Wein am Kamin.

Sechster Tag ohne

Dienstag – Es wird brenzlig

5:17

Die Wärme unter der Schaffelldecke und das ruhige Atmen von Markus haben mich gut schlafen lassen – bis ich so ganz merkwürdige wirre Dinge geträumt habe.

Es wurde hektisch und laut um mich herum. Die Türen gingen von alleine auf und es schwebten silberfarbene Gestalten heraus. Dazu das Ab- und Anschwellen dieser fürchterlich nervtötenden Sirene. Ich wollte mich gerade umdrehen, um diesen Traum zu beenden, als Markus mir sanft über die Wange streichelt und sagt: „Liebes, wach auf!“ Der für ihn ungewöhnlich scharfe Klang in seiner Stimme lässt mich schlagartig wach werden.

Die Sirenen aus meinem Traum haben noch nicht aufgehört zu heulen. Draußen ist es immer noch stockdunkel. Also hat sich noch nichts geändert, was die Stromversorgung angeht.

Dass die Sirenen heulen, ist bei uns im Herzen des Ruhrgebietes ungewöhnlich und gerade jetzt auch eher besorgniserregend. Zumal in den letzten Tagen keine Sirenen funktioniert haben, weil auch ihnen der Strom ausgegangen ist. In ländlichen Regionen werden darüber die Ehrenamtlichen von der Freiwilligen Feuerwehr alarmiert, aber hier bei uns?

Wenn jetzt eine Sirene heult ... ist das vielleicht ein Zeichen dafür, dass es wieder Strom gibt? Oder hat da jemand eine alte Handsirene aus dem Feuerwehrmuseum reaktiviert?

Wir gehen der Routine folgend ins Badezimmer. Dies liegt auf der anderen Seite des Hauses. Am Himmel ist in weiter Ferne ein orangeroter Fleck zu sehen. Dieser Schein kommt vom Stadtrand in Richtung Essen.

Wir machen uns rasch frisch. Katzenwäsche mit einem Becher kaltem Wasser aus der Badewanne, dazu Zähneputzen und einmal kurz durchkämmen. So viel Zeit muss sein. Ich entscheide mich für meine rote Hose mit der passenden Jacke.

Die Notarztkleidung ist unglaublich robust und hat den unschlagbaren Vorteil von vielen funktionalen Taschen, deren Inhalt ich noch kurz auf Vollständigkeit überprüfe. Die Erfahrungen der letzten Tage haben gezeigt, dass drei Dinge unabdingbar sind:

1. Die Kapseln mit den Einmalhandschuhen zum Eigenschutz
2. Das RESCUE Notfall-Mittel
3. Die Alu-Knisterdecke

Neu ist das **Laserthermometer** mit einer Messspanne von -38 ° bis 364 ° Grad. Dieses technische Hilfsmittel stecke ich intuitiv noch mit ein.

Markus hat – wie gestern – schnell heißes Wasser für die beiden Thermoskannen zubereitet und einen heißen Mokka.

Olly ahnt, dass es heute wieder anders und turbulent zugehen wird. Während wir unsere sieben Sachen ins Auto packen, flitzt er schnell um die Ecke, um sein Geschäft zu erledigen.

5:37

Wir starten in Richtung der Stadtgrenze. Als wir uns der großen Kreuzung vom Blumencenter nähern, wird das orangene Leuchten am Himmel deutlich größer. Es lässt sich als ein großes Feuer in Fahrtrichtung Wattenscheid ausmachen. Von weitem sieht man ein paar Blaulichter durch die kahlen Bäume aufblitzen.

Ich überlege laut, an welchen Landmarken man bei Tageslicht immer mehr oder weniger achtlos vorbeigefahren ist. Die Tankstelle auf der linken Seite!

In diesem Moment ist ein explosionsartiger Knall zu hören und ein riesiger Feuerpilz steigt meterhoch empor.

Markus hat am Seitenstreifen angehalten und die Warnblinkanlage einschaltet. Trocken kommt der analytische Kommentar: „Das war wohl die Tankstelle."

Wir bleiben einen Moment wie paralysiert im Auto sitzen. Die Baulichter, die eben noch zu sehen waren, sind verschwunden. Das Feuer erhellt den dunklen Nachthimmel bis fast zu uns an die Kreuzung.

In meinem Kopf jagen sich die Gedanken. An einigen MANV[8]-Übungen zu Großschadenslagen habe ich vor etlichen Jahren teilgenommen. Das waren zum Glück immer nur Realsimulationen. Doch das hier ist echt!

Jede Tankstelle hat immer mehrere Tanks. Meist für Diesel, Super E5, Super E 10. Das bedeutet – es könnte noch zu weiteren Explosionen kommen, denke ich laut.

Also ist ein Sicherheitsabstand die erste Lebensversicherung. Bei solchen großen Feuern werden sicherlich auch jede Menge Rußpartikel freigesetzt. Von der Pandemie haben wir immer noch einen Karton mit FFP2-Masken im Auto.

Was können wir hier jetzt tun? Hinter uns haben drei weitere Fahrzeuge angehalten. Es klopft an meiner Seite an die Scheibe. Ich lasse das Seitenfenster ein wenig herunter. Die Stimme klingt vertraut. Es ist Paul – der frisch pensionierte Feuerwehrmann, stelle ich erleichtert und erfreut zugleich fest.

Ich greife mir eine FFP2-Maske und steige aus. Wir besprechen kurz, welche Optionen wir haben. Eine Meldung abgeben ist mit dem Handy immer noch nicht möglich. Der nächste Feuerwehrposten ist entweder auf dem Marktplatz in Wattenscheid, Westenfeld oder Höntrop. Nein, Sevinghausen gleich neben dem Supermarkt, der ist noch näher. Wir bitten den dritten Autofahrer, dort eine Meldung abzusetzen.

Ich nehme meine Notfalltasche aus dem Kofferraum und gehe mit Paul vorsichtig etwas näher, um die Lage zu erkunden. Mit dem Laserthermometer messen wir kontinuierlich die Umgebungstemperatur des Bodens vor unseren Füßen und in der Atemluft.

Die brennende Tankstelle ist für mich mit dem laut hörbaren Feuer ein gruseliger Anblick. Für Paul ist es schockierend, das brennende LRF[9] und einen brennenden RTW[10] zu sehen. Die Frage, wo die Kameraden der Besatzung dazu sind, beantwortet sich hinter der nächsten Biegung.

Ein Feuerwehrmann liegt wenige Meter von uns entfernt auf dem 36 Grad warmen Boden. Die Lufttemperatur am Auto war eben noch 8 Grad.

Er liegt auf dem Bauch und es ist nicht sicher auszumachen ob er noch atmet. Die Oberflächentemperatur seiner Jacke beträgt 28 Grad.

Wir nähern uns vorsichtig und ziehen dabei die Schutzhandschuhe aus der Kapsel an. Obwohl der Feuerwehrmann schwerste Verbrennungen

[8] Massenanfall von Verletzten
[9] Löschrettungsfahrzeug
[10] Rettungswagen

und Verkohlungen der Extremitäten erlitten hat, atmet er noch. Wir beugen uns zu ihm herunter. Er nimmt uns noch wahr und flüstert „Tank angezapft – mit Handpumpe – Verpuffung – sechs Kameraden ...“ Er verdreht die Augen und atmet ein letztes Mal aus.

Wir bleiben einen Augenblick still stehen. Nur das lodernde Feuer brüllt laut in diesen Augenblick der Andacht und Stille hinein. Auf seiner Einsatzkleidung kann man erahnen, dass er von der Freiwilligen Feuerwehr Eppendorf sein muss.

Wir entschließen uns, in großem Abstand um die Tankstelle herumzugehen. Dabei achten wir darauf, dass die Temperatur unter unseren Füßen die 50-Grad-Marke nicht überschreitet und die Atemluft unter 40 Grad bleibt. Wir haben ja nur eine FFP2-Maske und einen kleinen Atemschutz.

Die gesamte Tankstelle inklusive des Tankstellenshops brennt lichterloh. Von dem RLF und dem RTW, welche in der Seitenstraße vor der Tankstelle stehen, ist nicht mehr viel auszumachen. Das erklärt auch, warum mit den Flammen die Blaulichter plötzlich erloschen sind.

Unsere Umrundung führt uns auf der Rückseite über ein Stück Feld zu unseren Autos zurück. Markus wartet dort besorgt und angespannt auf unsere sichere Rückkehr und unseren Bericht. Er reicht uns still und abwartend einen Becher mit warmen Wasser und etwas Rescue drin.

Paul und mir fällt es schwer zu beschreiben, was wir gerade mit unseren eigenen Augen gesehen haben. Wir sind alle drei traurig und tief betroffen. Vermutlich haben sich dort mindestens sechs bis acht Menschen aufgehalten.

Ob es bei diesem Unglück an der Tankstelle noch Überlebende gibt?

7:04

Paul sperrt mit einem **Flatterband** notdürftig die Straße ab. Dann begibt er sich zu der Meldestelle am Markt in Sevinghausen.

Wir verabschieden uns und fahren erstmal zum Frühstücken nach Hause. Ich habe das dringende Bedürfnis, die verrauchte Notarztkleidung auszuziehen und warm zu duschen.

Warm duschen – das wäre jetzt toll, wie früher nach schweren Einsätzen mit dem Wasser den Körper und die Seele reinigen.

Ein großes Rinnsal an Tränen rinnt über meine verrußten Wangen und hinterlässt graue Streifen. Ich sehe fürchterlich verschmiert aus.

7:32

Zuhause hänge ich meine rote Hose und die Jacke in der Garage zum Auslüften auf. Aus unserer noch halbgefüllten Badewanne schöpft Markus zwei große 10 l-Eimer voll Wasser und erwärmt einen Teil im großen Topf.

Der Rest wird auf beide Eimer zugleich verteilt und in die Dusche im Gäste-WC gestellt. Mit der Zugabe des heißen Wassers entsteht ausreichendes und angenehm temperiertes Duschwasser.

Plötzlich bin ich wie paralysiert und kann meine Arme nicht mehr heben. Weinkrämpfe schütteln meinen Körper – meine Seele schreit um Hilfe. Ich sacke in der Duschtasse unerwartet in mir zusammen.

Die Ereignisse der letzten vier Tage fluten meinen Kopf gleichzeitig. Wie in einem Film tauchen unzählige Bilder im Blitzlichtgewitter nacheinander vor meinem inneren Auge auf:

+++ Anton schwer verletzt im Garten +++ Hannah tot im Park +++ Wundervolle Geburt von Luna Marie +++ Verzweifelte Eltern in der Kinderklinik +++ Lauras Lächeln bei Familie Sundermann +++ Dr. Martin Becker völlig erschöpft +++ Unter der unmenschlichen Last der Entscheidungen massiv ergraut +++ Die vielen Toten von den Intensivstationen winken mir zu +++ Liegengebliebene E-Autos auf den Autobahnen +++ Ein verbrannter Toter von dem Feuer auf der Tankstelle +++

Markus beginnt mir vorsichtig mit dem warmen Wasser und einem weichen Waschlappen den Ruß von meinem Gesicht abzuwaschen. Es dauert eine Weile, bis ich dies registriere und die liebevolle Geste auch spüren kann.

Mit einem großen Joghurtbecher werde ich von Kopf bis Fuß gereinigt. Mir den Kopf zu waschen und zugleich meine Haare hat eine doppelte reinigende Funktion.

Ich werde in ein großes Duschhandtuch eingehüllt, bevor ich auskühlen kann. Meine nassen Haare werden frottiert und von einem Handtuch fest umwickelt. Wie in Trance lasse ich mich auf das Sofa vor dem Kamin führen.

Ich bin sehr dankbar, das ich einen so wundervollen Mann habe. Es dauert keine Minute und ich bin vor Erschöpfung auf dem Sofa eingeschlafen.

9:23

Thomas Obermeier sitzt zufrieden am Küchentisch. Er hat eine Tasse mit heißem Tee vor sich stehen und auf seinem Teller liegen drei Scheiben Zwieback mit Butter und Marmelade.

Er ist froh, die ersten drei Tage nach seinem Herzinfarkt vom Samstag gut überstanden zu haben und ihm ist bewusst, wie knapp das gewesen ist. Nur wenige Stunden später hätte es für ihn keine Hilfe im Krankenhaus mehr gegeben. Dann hätte er von dem ganzen Drama hier nichts mehr mitbekommen.

Er hofft sehr, dass es gerade niemand hier in Bochum gibt, der unter denselben Schmerzen und dem Druckgefühl einer Elefantenherde auf der Brust leiden muss, denn es gibt kein funktionierendes Herzkatheterlabor mehr in der Stadt.

Thomas hat eine der allerletzten angebrochenen Packungen Acetylsalicylsäure zur Blutverdünnung mitbekommen. Er hatte angenommen, dass am Montag alles wieder normal weiterlaufen würde und hätte sich dann eine Packung aus der Apotheke mitbringen lassen. Seine Frau Birgit hat sich direkt um Nachschub bemüht. Doch alle Apotheken sind weiterhin geschlossen.

Sie hat sich daran erinnert, dass ihre Großmutter Traudel damals sehr darüber geschimpft hat, dass das gute alte Mittel aus einer bestimmten Baumrinde nur noch chemisch hergestellt werden sollte. Sie hat lange darüber nachdenken müssen, bis ihr der Baum zum Rindenextrakt wieder einfiel. Das Mittel hat die Großmutter immer gegen Fieber, Schmerzen und bei Entzündungen eingesetzt. Irgendwas mit „Traurig".

Ja richtig, Trauerweide, es ist **Weidenrindenextrakt**, erinnert sie sich. Sie blickt auf das Bild ihrer Großmutter, das an der Wand neben dem Kamin hängt, und sagt leise: „Danke Oma Traudel!" Dabei lächelt sie versonnen in Richtung des Bildes, das ihre Großmutter in jungen Jahren zeigt.

Birgit wusste sofort wieder, dass sie mit ihrer Freundin Sabrina beim vorletzten Saunabesuch genau dieses Thema besprochen hatten. Natürlich, Weidenrindenextrakt. Zwar gibt es das nicht als Arzneimittel in der Apotheke, aber dafür frei verkäuflich als Nahrungsergänzungsmittel.

Da muss sie Sabrina gleich mal nach fragen, ob sie eine Packung für Thomas übrig hat, denkt Birgit. Denn 400 mg Wirkstoff sind immerhin 400 mg Wirkstoff.

Und wie sehr sie an Thomas hängt, hat sie gemerkt, als es fast zu spät gewesen wäre. Dass es mal so anders laufen könnte, hatte sich keiner von ihnen jemals in seinen kühnsten Träumen ausmalen können.

Friedrich, bester Mitarbeiter der Firma Sanitäts- und Heizungsbau Obermeier, ist inzwischen langjähriger Freund der Familie und guckt jeden Tag immer mal kurz vorbei.

Er bringt dann stets die neuesten Nachrichten mit. Heute ist Friedrich etwas müde. Er hatte in der Nacht mit Lukas, dem zwanzigjährigen Jungschützenbruder, die Nachtpatrouille in seinem Straßenzug. Auf dem Marktplatz heute früh um 8 Uhr machte ein Thema blitzschnell die Runde. Der Brand an der Tankstelle in Sevinghausen.

Man erzählte sich, dass Spriträuber versucht hätten, aus dem großen unterirdischen Tank mit einem Schlauch gleich mehrere Kanister mit Benzin zu füllen. Warum ein Rettungswagen und ein Löschrettungsfahrzeug dabei mit in Brand geraten sind und es überhaupt zu einer derartig großen Verpuffung kommen konnte, ist allen noch ein Rätsel. Doch was alle hier bis ins Mark hinein erschüttert, ist die Tatsache, dass mindestens sechs Kameraden der Freiwilligen Feuerwehr in Eppendorf vermisst werden.

Thomas atmet schwer, nachdem Friedel als wandelndes Nachrichtenblatt seinen Bericht beendet hat. Kaum zu glauben, dass er richtig gehört hat.

Bei der Tankstelle haben sie erst im Herbst die Sanitäranlagen neu gemacht. Für die Mitarbeiter der Tankstelle und den Servicebereich. Hoffentlich sind Sven und Tanja, die Pächter der Tankstelle, unverletzt. Sie wohnen nur wenige Häuser weiter die Seitenstraße runter.

Thomas schickt ein Stoßgebet gen Himmel. Was für verrückte Zeiten! Aber er soll sich noch körperlich schonen und am besten nicht aufregen, hat der Professor ihm mit auf den Weg gegeben.

11:33

Die kleine Luna-Marie ist ein echter kleiner Sonnenschein. Sie lässt sich gerne und ausgiebig stillen. Die neue kleine Familie genießt das wunderschöne Gefühl miteinander zu kuscheln.

Ganz bewusst auch mit Hautkontakt. Dazu legen sich Vanessa und Lucas abwechselnd oder gemeinsam in das große Doppelbett und kuscheln sich unter die Decke und das wundervolle Schaffell. Die nächsten Nachbarn haben ihnen zur Geburt von Luna-Marie ein großes Schaffell geschenkt. Es ist nicht nur wunderbar weich, sondern spendet auch eine wohlige angenehme Wärme.

Eine Frage haben die jungen Eltern noch nicht gelöst. Sie haben genau ein Paket Wegwerfwindeln im Haus. Diese werden noch ein paar Tage reichen. Doch was dann?

Früher gab es mal Stoffwindeln. Vanessa hat davon mal gehört, als ihre Mutter über die sogenannten „Ökomütter" in ihrer Generation gesprochen hat. Damals haben sich die werdenden Mütter getroffen und aus Rohwolle **Windelhöschen** gestrickt. Es wurden **Mullwindeln** in den ersten Tagen und Wochen verwendet. Die Babys wurden im wahrsten Sinne des Wortes gewickelt. Später gab es dann die sogenannten **Bindewindeln** und fertige **Wollhöschen** mit Klettverschluss zu kaufen.

Die Nachricht, dass es in der Straße eine neue Erdenbürgerin gibt, hat sich rasch verbreitet. Und so haben viele junge Familien mit Kleinkindern in ihren Beständen nachgesehen, was wohl hilfreich sein könnte, und haben kleine Päckchen gepackt. Lucas ist oft überrascht, wer bei ihnen an die Tür klopft, um ein Geschenk abzugeben. So kommen auch wichtige und hilfreiche Tipps und Tricks für die ersten Tage und Wochen zusammen.

Eben steht Ronja mit dem kleinen Fin vor der Tür. „Fin, Baby guck´en" sagt der kleine Mann mit seinen knapp drei Jahren ganz mutig. Lucas lacht und sagt: „Kommt rein."

Vanessa und Luna-Marie liegen gerade in eine weiche Wolldecke eingerollt auf dem Sofa am Kamin. Fin geht vorsichtig an der Hand seiner Mama zum Sofa.

Ronja stellt sich zuerst als Nachbarin zwei Straßen weiter vor. Sie ist Hebamme in Elternzeit und fragt nach, wie Vanessa klar kommt. Vanessa ist dankbar und froh, ihre „dummen" Fragen stellen zu können und dann noch professionelle Antworten zu bekommen.

12:15

Beim Professor ist es nicht ganz so entspannt. Als sich die Nachricht von dem Großbrand an der Tankstelle in seinem Viertel wie ein Lauffeuer verbreitete, kam sie auch bei den Angehörigen der Freiwilligen Feuerwehr an.

Es war sehr schnell klar, wer in dieser Nacht und in den frühen Morgenstunden im Einsatz gewesen ist.

Man versammelt sich an der Wache und hofft, dass der eigene Freund, Mann, Vater oder die Freundin, Frau und Mutter gleich wieder mit dem Einsatzfahrzeug auf den Hof rollen würde.

Der Professor hatte vorsichtshalber seine Notfalltasche mitgenommen und ist während des Wartens ein gern gesehener Ansprechpartner für das eine oder andere „Wehwehchen“, für das man in der letzten Woche noch zum Arzt gegangen wäre.

In einem Nebenraum steht eine Behandlungsliege und dient mal eben als provisorisches Untersuchungszimmer. Es gibt ein paar Prellungen, Verstauchung und Hämatome – weil man nachts ohne Licht den Weg nicht so sicher in der Wohnung gefunden hat oder über etwas gestolpert ist –, die eher harmlos sind und zügig von alleine ausheilen.

Schon anders sieht es bei den beiden Jugendlichen aus, die seit zwei Tagen Husten mit erhöhter Temperatur haben. Bei dem einen klingt das nach einer fetten Bronchitis. Er bekommt ein Rezept, wie man **Zwiebel-Hustensaft** herstellt. Zudem soll er viel Tee mit Honig trinken.

Honig ist ein universelles Heilmittel und wird auch bei langer Lagerung nicht schlecht. Gegen den Hustenreiz darf er zusätzlich dreimal täglich einen Teelöffel Honig pur im Mund zergehen lassen.

Der andere hat starke frontale Kopfschmerzen, die beim Druck auf die Stirn und über dem Jochbein stärker werden. Bei der Mund-Rachen-Inspektion mit dem **CuViD** sieht man eine gelbe Rachenabrinnspur. Der „Rotz“ aus den Nasennebenhöhlen läuft nachts den Rachen runter und hat die unteren Atemwege erreicht. Er braucht was zum Lösen und zum Lindern der Kopfschmerzen. Vor allem muss er tagsüber und nachts seinen Kopf warm halten.

Die **INRT**[11], das Kitzeln in der Nase, ist bei beiden Therapie der Wahl. Dabei werden zwei **Wattestäbchen** kurz mit **Nasen-Reflex-Öl** getränkt. Mit geschickten und sehr sanften Bewegungen werden jeweils drei Reflexpunkte in der Nase stimuliert. Das führt dazu, dass der „Rotz“ schnell wieder abfließen kann und die Schleimhäute abschwellen. Wie gut, dass die INRT so gut wirkt und wirklich mehr kitzelt als alles andere.

Sie bekommen außerdem den kleinen **Infozettel** mit, auf dem die **fiebersenkenden Maßnahmen** erklärt sind.

Als der Professor gerade mit den beiden fertig ist, hören sie ein Einsatzfahrzeug auf den Hof rollen.

[11] Intra-Nasale-Reflex-Therapie

14:08

Fin ist wie so oft auf den Tisch geklettert, hat sich die Keksdose zwischen seine Beinchen gestellt und versucht, den Deckel zu öffnen. Er verliert das Gleichgewicht und kippt zur Seite.

Auf dem antiken Holztisch steht seit ein paar Tagen eine große Stumpenkerze in der Küche, damit sie etwas Licht und Wärme spendet. Mit der Zeit wird eine Menge Wachs um den Docht herum heiß und flüssig. Die Kerze ist ebenfalls umgefallen und das heiße Wachs ergießt sich über sein linkes Händchen. Glücklicherweise ist die Flamme sofort erloschen.

Nach einer Schrecksekunde fängt Fin laut an zu schreien und zu weinen. Normalerweise hätte Ronja die Hand sofort unter laukaltes Wasser aus dem Wasserhahn gehalten. Doch jetzt war eine schnelle Alternative gefragt.

Ronja nimmt Fin sofort auf den Arm, angelt mit der linken Hand nach einer kleinen Plastikschüssel und füllt diese mit Wasser aus der Flasche. Fin hält sein Händchen rein und der Wachs ist sofort fest geworden. Gegen den Schreck und die Schmerzen bekommt er sofort Rescue.

Unter heftigen Weinen und Schreien hat Ronja vorsichtig den Wachsüberzug abgepellt. Die Haut darunter ist hochrot und hat bereits kleine Blasen geschlagen.

Normalerweise würde sie jetzt mit Fin zum Kinderarzt gehen oder in einer chirurgischen Notaufnahme vorstellig werden. Doch jetzt ist sie auf sich selbst gestellt.

Fin kühlt seine Hand noch einen Moment weiter im Wasser. Das wird ein paarmal ausgetauscht, damit es weiter kühlt. Als bewährtes Mittel gegen Rötung, Hitze und Verbrennungen wird spontan Apis mellifica ausgewählt und in seine kleine Wasserflasche gegeben. Ronja entscheidet sich dafür, die Hand vorsichtig mit einer trockenen Kompresse und einem Mullwickel zu schützen, nachdem die Hitze im Gewebe nachzulassen scheint.

Fin hat sein linkes Händchen eingewickelt und schont diese Hand. Er scheint Schmerzen zu haben. „Fin, jetzt hast du Bekanntschaft mit der Kerze gemacht", erklärt Ronja. „Wir sollten noch einen Doktor finden, oder?"

Sie zieht sich an und Fin kommt in den Kinderwagen. Draußen ist es immer noch um die 8 Grad und die kühle Luft tut seinem Händchen gut.

15:03

Ein Einsatzleitwagen der Berufsfeuerwehr ist vorgefahren. Zwei Feuerwehrbeamte steigen zusammen mit einem Notfallseelsorger aus. Es ist allen anzusehen, dass sie keine wirklich guten Nachrichten zu überbringen haben.

Sie bitten die Angehörigen der Freiwilligen Feuerwehr in das etwas größere Einsatzbüro, das sich direkt neben der Halle befindet. Der Professor wird ebenfalls dazu gebeten.

Insgesamt sind zwölf Feuerwehrmänner und Feuerwehrfrauen im Raum. Der stellvertretende Leiter Rettungsdienst der BF nimmt eine aufrechte Körperspannung an, hebt seinen Blick und schaut alle in der Runde nacheinander an. Dann erhebt er seine Stimme und man spürt, wie er um Fassung ringt.

„Kameraden und Kameradinnen, wir haben in der Nacht bei dem verheerenden Brand an der Tankstelle zwei Fahrzeuge verloren, ein LRF und eine RTW. Nach dem aktuellen Stand der Lage und der Auswertung der letzten Meldung wissen wir inzwischen, welche Einsatzkräfte vor Ort waren. Es werden sechs Kameraden und drei Zivilpersonen vermisst."

Er macht eine Pause, um tief durchzuatmen. „Nach den aktuell vorliegenden Erkenntnissen müssen wir davon ausgehen, dass es bei diesem Unglück sehr wahrscheinlich keine Überlebenden gibt."

Nach einer weiteren Pause mit betroffener Stille nennt er die sechs Namen der Vermissten. Alle senken schwer betroffen ihre Köpfe.

„Bisher liegt als gesicherte Erkenntnis vor, dass der Kamerad Steffen Lohmeyer noch an der Einsatzstelle seinen schwersten Brandverletzungen erlegen ist. – Möge er in Frieden ruhen."

Bei der Nennung der Namen senken immer mehr ihre Köpfe und es rollen stumme Tränen über ihre wie versteinert wirkenden Gesichter.

Man kennt sich untereinander und die Familien sehr gut. Die sechs Kameraden sind alle in festen Beziehungen und haben zum Teil Kinder und Enkelkinder. Draußen in der Halle sind die Angehörigen wie eine große Familie versammelt.

Nach einer Schweigeminute ergreift der Truppführer der Freiwilligen Feuerwehr Eppendorf das Wort.

„Es ist eine sehr schwere Stunde für uns und für alle Angehörigen. Ich schlage vor, jeder stellt sich jetzt zu den Angehörigen, die er am besten kennt und wir überbringen diese schlechte Nachricht gemeinsam.

Der Notfallseelsorger und der Professor sind da, um seelischen und physischen Beistand zu leisten."

Es folgt eine kurze Abstimmung, wer sich zu wem gesellt, damit alle Angehörigen unmittelbar eine vertraute Person in der Nähe haben.

Der Notfallseelsorger hat in diesen Tagen schon viele schwere Nachrichten mit überbringen müssen. Aber ein Feuerwehrmann, der im Einsatz ums Leben kommt, ist auch für ihn mit 18 Jahren Berufserfahrung bisher zum Glück sehr selten gewesen und eine ganz besonders harte Nummer. Zumal er gerade auf der Fahrt zur Wache der Freiwilligen Feuerwehr die Information erhalten hat, dass der Verstorbene eine hochschwangere Frau mit zwei Kindern hinterlässt.

Sabrina Lohmeyer sitzt auf einem weichen Bürostuhl, da sie in zehn Tagen ihr drittes Kind erwartet. Sie hofft auf gute Nachrichten, da Steffen in der letzten Nacht mit zum Einsatz ausgerückt ist. Da öffnet sich die Tür vom Besprechungsraum.

15:37

Ronja und Fin treffen auf dem Weg zum Markt auf Andrea, die Frau des Professors. Sie sieht das verbundene Händchen von Fin und fragt, was denn passiert sei. Fin streckt ihr das verbundene Händchen entgegen und sagt: „Aua weh, heiß!"

Gemeinsam gehen sie zur Feuerwache, dort ist wahrscheinlich auch ein Arzt. Zumindest geht Andrea davon aus, dass ihr Mann nach dreieinhalb Stunden dort sein müsste.

15:55

Die Nachricht über die vermissten Kameraden hat bei den Angehörigen tiefe Bestürzung ausgelöst. Alle ahnen, was diese Nachricht am Ende des Tages bedeuten könnte.

Sabrina ist zusammengebrochen, als sie erfährt, dass Steffen am Einsatzort seinen schweren Verletzungen erlegen ist. Steffen tot – das ist unmöglich. Ihr Verstand weigert sich, dies zu akzeptieren. Unter diesem Stress platzt die Fruchtblase. Sabrina bemerkt zunächst gar nicht, dass es lauwarm auf dem Bürostuhl wird. Erst als es kühl an ihren Beinen wird, bemerkt sie, dass etwas nicht stimmt.

Sie schlingt ihre Arme um den großen Bauch, streichelt immer wieder darüber und sagt zu dem Ungeborenen: „Alles wird gut, kleiner Schatz."

Andrea geht durch die Halle rüber zum Professor und fragt, ob er kurz nach der verletzten Hand von Fin schauen kann.

Er sagt: „Schön, mein Schatz, dass du da bist. Wir brauchen Unterstützung. Steffen ist tot und bei Sabrina ist gerade die Fruchtblase geplatzt. Geburtshilfe ist nicht so mein Thema. Du erinnerst dich." Andrea denkt für den Bruchteil von Sekunden an die Geburten ihrer beiden Kinder. Der Professor ist Kardiologe und somit Spezialist für Herzbeschwerden aller Art, aber ein Kind auf die Welt zu bringen, dazu kann man ihn wirklich nicht gebrauchen.

Ein Lächeln huscht über Andreas Gesicht. „Wir machen einen Deal. Du schaust dir die Hand von Fin an und ich organisiere dir eine Hebamme."

Sabrina wird auf dem Bürostuhl in den Nebenraum geschoben, in dem sich eine Liege befindet. Während der Professor sich zusammen mit Andrea das Händchen von Fin ansieht, wird Sabrina von Hebamme Ronja untersucht.

Das Baby liegt richtig und der Rücken ist unter der linken Hand zu ertasten. Mit dem Stethoskop des Professors hört Ronja die Herztöne ab. Diese sind schnell und regelmäßig. Der Muttermund ist schon 5 cm weit geöffnet und das Köpfchen ist sicher im kleinen Becken tastbar. Die Wehen sind inzwischen kräftig und kommen alle drei Minuten.

Ronja winkt Andrea heran mit einem bedeutsamen Blick. Es wird nicht mehr allzu lange dauern. Sabrina hat zuhause eine fertig gepackte Tasche für die Klinik stehen. Doch wo soll jetzt die Geburt stattfinden? Die Krankenhäuser haben geschlossen. Eine erfahrene Hebamme ist schon da. Wir brauchen ein paar Handtücher. Handschuhe und eine paar warme Decken.

Zudem muss jemand ihrer Mutter Bescheid geben, die gerade auf die beiden größeren Geschwister aufpasst. Ronja und Andrea bleiben mit Sabrina hier. Die Feuerwehrkameradin Elke hat ebenfalls schon Rettungsdiensteinsatze mit Geburten gefahren und sucht schon mal die Materialien aus dem Lager zusammen. Hier auf der Wache gibt es noch einige Einmalunterlagen und sogar eine Auswahl an Untersuchungshandschuhen.

Der Professor nimmt Fin mit nach Hause. Das passt ganz prima, da er dort auch noch eine gute Brandsalbe und Cantharis im Bestand hat, um sein Händchen zu versorgen. Fin freut sich auf die beiden großen Kinder und gibt seiner Mama zum Abschied noch ein Küsschen auf die Wange.

16:52

Steffen junior hat es ziemlich eilig, das Licht der Welt zu erblicken. Der Muttermund ist vollständig verstrichen und die Presswehen setzen ein. Sabrina versucht dazwischen zu hecheln.

Ronja führt sie sanft und bestimmt durch die Austreibungsphase.

Elke steht mit einem weichen Handtuch schon bereit, um das Baby sicher anzunehmen. Der Kleine hat die Nabelschnur um den Hals gewickelt und wird leicht bläulich im Gesicht.

Elke ist ein wenig erschrocken und schaut Ronja hilfesuchend an.

Ronja löst geschickt die Nabelschnur vom Hals und dreht den kleinen Mann auf den Bauch in Kopftieflage, damit das Fruchtwasser aus Mund und Nase laufen kann, da keine Absaugung vorhanden ist. Es dauert nur den Bruchteil einer Sekunde, der sich für Sabrina wie eine Ewigkeit anfühlt, bis er seinen ersten Schrei tut. Dann wird er sofort rosig und atmet selbständig.

Jetzt wird er auf den Bauch seiner Mama gelegt. „Herzlich Willkommen, Steffen junior“. Sabrina lächelt und weint zugleich. Ihre Stimme versagt. Steffen junior beginnt direkt kräftig an ihrer Brust zu saugen. Dadurch zieht die Gebärmutter sich kräftig zusammen und führt zu heftigen Nachwehen. Die Plazenta löst sich damit leichter und vollständig ab.

Steffen junior Lohmeyer, Geburtszeit * 17.32 Uhr, Länge 56 cm, Kopfumfang 32 cm, APGAR[12] 8 – 9 – 10.

[12] APGAR-Score – Appearance (Aussehen), Pulse (Herzfrequenz), Grimace (Reflexauslösbarkeit), Activity (Muskeltonus), Respiration (Atmung) – nach 1, 5 und 10 Minuten

Siebter Tag ohne

Ein schwarzer Mittwoch

7:42

Es ist immer noch dunkel – das Morgengrauen schimmert leicht, als ich aus dem Fenster blicke. Ich liege in meinem Bett, mit Markus an meiner Seite und er atmet wie immer fast lautlos beim Schlafen.

Was ist gestern passiert? Ich kann mich an den Tankstellenbrand erinnern und daran, dass wir wieder sicher hier zuhause angekommen sind. Die Tränen kullern lautlos über meine Wangen, als ich an den Anblick des sterbenden Feuerwehrmannes denke.

Wie vielen Menschen mag der Versuch, Sprit abzuzapfen, wohl das Leben gekostet haben? Wie tragen die Angehörigen der Helfer dieses schwere zusätzliche Leid?

Ich falte meine Hände und bitte, dass ihre Seelen gnädig im Himmel aufgenommen werden. Dann bitte ich um Stärkung für die Angehörigen und Hinterbliebenen.

Zum Abschluss bedanke ich mich wie immer, dass ich zu den privilegiertesten Menschen dieses Planeten gehöre. Ich habe ein Dach über dem Kopf, immer noch ausreichend Wasser zum Waschen und Trinken. Einen wundervollen Mann an meiner Seite und einen Hund, der mit uns durch dick und dünn geht.

Zudem bin ich mit zwei besonderen Gaben ausgestattet: Einem messerscharfen analytischen Verstand und der Fähigkeit des Heilens. Dabei fällt mir ein, das ich heute nach den Verbänden von Anton und Laura schauen muss. Ich schwinge mich aus dem Bett, mache mich mit wenig kaltem Wasser frisch und gehe in die Küche, um Kaffee zu kochen.

Als der Duft des frisch gebrühten Kaffee aufsteigt, wird auch Markus wach und kommt in seinem dicken Bademantel mit Socken und Schlafmütze zu mir in die Küche. „Guten Morgen meine Liebe“ und mit „Guten Morgen mein Lieber“ begrüßen wir uns mit einer innigen Umarmung, spüren, wie unsere Herzen im gleichen Takt schlagen. Schöner kann der neue Tag nicht beginnen, oder?

8:30

Nach dem Frühstück greift Doctora kurz zum Walkie-Talkie und holt sich bei Marion ein kurzes Update. In den umliegenden Straßenzügen von Frau Dr. Maring ist es weitgehend ruhig geblieben.

Die Bewohner haben sich sehr schnell untereinander vernetzt. Das wichtigste ist die Versorgung mit Trinkwasser. Nicht alle haben sich einen ausreichenden Vorrat für zehn Tage angelegt.

9:15

Olly und ich gehen mitsamt der Hausbesuchstasche rüber zu Familie Sundermann. Anton kommt mir auf den Unterarmgehstützen entgegen. Das sieht sehr flüssig und geschmeidig, fast schon elegant aus.

Aus seinen Augen blitzt der Schalk und er überlegt, welche Faxen er damit noch aushecken kann.

Laura kann inzwischen auch schon wieder gehen. Zwar noch vorsichtig und mit Hüttenschuhen an den Füßen, aber sie läuft schon mit den anderen Kinder durch das Haus.

Während ich mich um die beiden kleinen Patienten kümmere, nutzt Paul die Gelegenheit, mit Olly zu spielen und streichelt ihn. Olly tut so, als wäre er in seinem ganzen Hundeleben noch nie gestreichelt worden und dreht sich genießerisch auf den Rücken.

Die OP-Wunde von Anton heilt prima und er hat keine Schmerzen mehr. Er bekommt weiterhin **Symphytum**, um das Knochenwachstum zu stärken.

Im Gesicht von Laura blassen die Hämatome weiter ab. Es sind jetzt fast alle gelb und nur noch an wenigen Stellen schimmert es grünlich. Die Füße sind nach wie vor schmerzempfindlich. Sie werden jeden Abend ganz vorsichtig von Sonja mit **Schmerzöl** eingerieben.

Josy hat eine dicke Rotznase. Dicker zäher Schleim zieht sich aus beiden Nasenlöchern runter bis zur Oberlippe. Sie ist dabei putzmunter und die Lunge ist beim Abhören frei. Also wird sie den Infekt von selber besiegen. Zur Unterstützung bekommt sie jetzt jeden Abend einen kleinen Teelöffel **Honig**. Da Josy älter als ein Jahr ist, hat sich ihre Darmflora soweit aufgebaut, dass sie dieses Heilmittel zur Stärkung ihres Immunsystems gut vertragen kann.

Mit dem Zubereiten von warmen Mahlzeiten gibt es bei Familie Sundermann keine größeren Herausforderungen. Der zweiflammige Gaskocher reicht aus für einfache Gerichte und es sind Vorräte vorhanden, die für mehr als die nächsten zwei Wochen reichen.

Vielen anderen Familien geht es auch noch relativ gut. Not macht halt erfinderisch und man hilft sich immer mehr untereinander. Der eine hat einen Gasgrill im Garten und bietet an, das, was noch an Fleisch vorhanden ist und seit Tagen nicht mehr gekühlt werden kann, gut durchzugrillen – bis es fast schwarz ist. Dass bei dieser Garmethode die Bildung von Nitrosaminen nicht auszuschließen ist, interessiert gerade niemanden wirklich. Ein Stück frisch gegrilltes, heißes Fleisch mit etwas Ketchup oder Senf geht immer, auch wenn es eher wie ein Stück Kohle aussieht.

Selbst die „eingefleischten" Vegetarier beginnen darüber nachzudenken, was sie denn essen werden, wenn die Bioläden nicht bald wieder öffnen. Frisches heimisches Obst oder Gemüse gibt es – mitten im Winter – kaum.

Oh doch, bei den Kohlsorten gibt es reichlich Auswahl! Weißkohl, Rotkohl, Rosenkohl, Grünkohl, da geht also noch was. Besonders dann, wenn man einen Kleingärtner kennt oder jemanden, der eine Parzelle auf dem Feld gemietet und bestellt hat. Und gerade Kleingärtner haben zunehmend wieder alte Techniken entwickelt, die Ernte ohne Tiefkühlung haltbar zu machen: Durch Einwecken, Dörren und Milchsäuregärung entstehen so schmackhafte, gesunde Nahrungsmittel.

Nudeln sind aktuell eine sehr häufige Beilage. Da gibt es noch große Vorräte, die noch vom letzten Lockdown in fast allen Haushalten vorhanden sind. Ein „Rezept" hat sich inzwischen auch rumgesprochen: Das neue Energiespargericht heißt „Nudel-one-Pott":

Die Nudeln werden dazu nicht mehr separat im Salzwasser gekocht. Für zwei Person benötigt man eine Packung passierte Tomaten, welche zuerst in den Topf gegeben werden. Etwas Öl oder Butter dazu und eine Prise Salz und trockene Kräuter wie Oregano (oder was sonst so vorhanden ist) nach Geschmack. Bevor das ganze auf das Feuer gestellt wird, werden noch zwei Tassen voll Nudeln hinzugefügt. Der „Nudel-one-Pott" ist fertig, wenn die Nudeln darin weich sind. Wer jetzt noch etwas Parmesan zum darüber reiben oder streuen hat, kann sogar die Luxusvariante genießen. Großer Vorteil: Eine Flamme genügt, die jeder Campingkocher bereitstellen kann.

Besonders beliebt ist inzwischen auch das **Pfannenbrot**. Schnell und einfach in der Pfanne gebacken.

12:43

Am Südring, im Haus, wo Familie Kleinschmidt wohnt, läuft das gegenseitige Kümmern umeinander ganz prima. Besonders die alte Dame im Erdgeschoss, Frau Schulte, hat es Maja und Tom ganz besonders angetan. Sie hat so wunderbare Geschichten von früher zu erzählen.

Sie macht den beiden immer wieder Mut, den eigenen Kopf zu benutzen und selber neue kreative Lösungen zu finden.

Alle im Haus sind sie gut miteinander im Kontakt. Nur von Herrn Özcan sieht und hört keiner was. Sein Auto wurde seit Donnerstag nicht mehr bewegt. Ob er irgendwo anders ist?

Als Maja und Tom mal wieder ganz nach oben sprinten und dabei zwei Stufen auf einmal nehmen, damit ihnen auch richtig warm wird, bleibt Maja vor der Tür von Anne und Conny plötzlich stehen und sagt unvermittelt zu Tom: „Riecht das hier nicht komisch?“ Sie beginnen zu schnüffeln und tatsächlich kommt ein feiner, dünner süßlicher Geruch aus der Wohnung von Herrn Özcan.

Sie bitten Anne und Conny auf den Flur und auch sie nehmen jetzt zum ersten Mal diesen Geruch wahr, der eindeutig aus der Wohnung von gegenüber zu kommen scheint.

Sie klopfen an und warten einen Moment. Nichts rührt sich. Sie klopfen lauter und länger und es tut sich wieder nichts. Vielleicht schläft er ja, mutmaßen die vier und spielen zusammen eine Runde „Knochenraten“ mit Charles. Er ist vor drei Jahren als dritter Mitbewohner eingezogen, als gerade das Lernen für das Knochentestat in Anatomie anstand. Seitdem ist Charles, das Skelett, für fast jeden Schabernack zu haben. Er feiert bei jeder Party mit und hat an Karneval sogar für einen Polizeieinsatz gesorgt, als er mit Hut und Krawatte auf dem Beifahrersitz, natürlich ordentlich angeschnallt, mit zur Uni gefahren ist. Das war ein Spaß, die verdutzten Gesichter der beiden Streifenpolizisten zu sehen.

14:42 

Herr Abramovic hat sich wieder warm angezogen und ist frühzeitig mit seinem Rollator losgezogen. Schließlich hat er heute ein Date mit Frau Gertrud, wie er Frau Schmitting in Gedanken liebevoll nennt.

Er freut sich schon darauf, wieder eine Weile mit ihr in der Schlange anzustehen, beziehungsweise wenn sie auf seinem Rollator sitzt, mit ihr zu plauschen. Schließlich gibt es so allerlei zu berichten, während sie gemeinsam auf die Wasserration und das kleine Care-Paket warten.

Bei ihnen in dem Seniorenwohnheim nebenan sind in den letzten beiden Tagen etwas mehr als die Hälfte der Bewohner des Seniorenwohnheims gestorben. Einige wenige sind so kurz vor Weihnachten von ihren Familien abgeholt worden, sodass aktuell nicht alle 160 Bewohner im Haus sind.

Einerseits gibt es dort nicht mehr ausreichend Wasser und Nahrungsmittel, andererseits sind viele Medikamente für Herz, Kreislauf und gegen Schmerzen nicht mehr verfügbar. Außerdem sind fast keine Pflegekräfte mehr zum Dienst gekommen. Die wenigen, die in der Nähe wohnen und zu Fuß oder trotz der Kälte mit dem Fahrrad kommen konnten, geben zwar ihr Bestes, können das aber unmöglich schaffen.

Im Eingangsbereich brennt auf dem Tisch immer ein sogenanntes „Ewiges Licht“ für diejenigen, die in der Woche im Haus verstorben sind. Meist sind ein oder zwei Bilder mit Namen und Geburts- und Sterbedatum aufgestellt und es liegen normalerweise immer ein paar frische weiße Lilien dabei.

Als Herr Abramovic heute durch die Eingangshalle ging, hat der Tisch allerdings nicht ausgereicht und auf dem Boden rechts und links daneben standen in Dreierreihen die Bilder der Verstorbenen dieser Woche. Er hat sie nicht gezählt, aber der Pförtner hat ihm gesagt, das es mindestens 83 sind. Weitere werden sicherlich noch dazukommen, wenn sich die Lage nicht ganz schnell wieder stabilisiert.

Er erblickt seine Gertrud am anderen Ende des Marktes und winkt ihr freudig zu. Sie kommt mit ihrem Gehstock auf der einen Seite und am Arm ihrer Tochter auf der andern Seite zu ihm herüber.

Etwas schüchtern umarmen sie sich heute das erste Mal bei der Begrüßung. Man könnte meinen, die beiden Alten seien frisch verliebt, so wie sie sich ansehen.

15:00

Der süßliche Geruch hat nicht aufgehört. Die ganze Hausgemeinschaft hat überlegt, wie sie sich jetzt verhalten soll. Keiner hat Herrn Özcan in der letzten Woche gesehen.

Einen Schlüssel der Wohnung hat niemand im Haus und es weiß keiner, wo die nächsten Angehörigen von ihm wohnen.

Das Haus gehört einer Wohnungsbaugesellschaft. In der letzten Woche hätte man zuerst dort im Büro angerufen oder bei der Polizei oder Feuerwehr. Doch all diese Möglichkeiten entfallen gerade.

Bevor man erwägt, eigenmächtig die Tür zu öffnen, wird der Vorschlag von den Eheleuten Symanski angenommen. Die beiden gehen zur Feuerwehrmeldestelle am Hauptbahnhof und fragen, was sie tun können.

Die anderen geben ihre Prognosen ab und sind gespannt, mit welchem Vorschlag sie zurückkommen werden.

Am liebsten wäre allen, wenn Herr Özcan gleich einfach wieder nach hause kommen würde und es nur eine vergessene Mülltüte wäre, die den süßlichen Geruch verbreitet.

15:48

Am Nachmittag treffen sich die Pfadfinder wieder zum Melken. Nachdem sie fertig sind, hat Bauer Peter zusammen mit seiner Frau eine kleine Überraschung für die Gruppe vorbereitet.

Auf der Weide hinter dem Hof befindet sich eine Feuerstelle, um die Baumstämme, die als Bänke dienen, gruppiert sind. Peter hat schon ein kleines Lagerfeuer aufgeschichtet, den Stockbrotteig mit Rosinen hat seine Frau vorbereitet.

Die zweiundzwanzig Jugendlichen suchen sich noch jeweils schnell einen Stock und schnitzen sich diesen zurecht. Echte Pfadfinder haben immer ein Taschenmesser in der Hosentasche. Die Rinde am oberen Ende wird gekonnt entfernt. In der Zwischenzeit ist das Feuer voll entfacht und knistert in die sich langsam ausbreitende Dämmerung. Der Teig wird um das obere Ende des Stocks gewickelt und über dem Feuer gebacken. Dabei werden die Erlebnisse vom Melken der eigenen Paten-Kuh genau so geteilt wie die Geschichten vom Zuhause ohne Strom.

Ohne Heizung wird es nachts ganz schön kalt zuhause. Im Schlafzimmer ist es jetzt im Winter, je nachdem, wie gut das Haus wärmegedämmt ist, allenfalls vier, im besten Fall 8 Grad wärmer als draußen. Die Außentemperatur liegt aktuell immer noch bei acht Grad – acht Grad plus wohlgemerkt – es könnte auch strenger Frost herrschen.

Viele Jugendliche schlafen inzwischen nachts nicht mehr alleine in ihrem Bett. Man rückt mit mehreren Familienmitgliedern zusammen, um sich gegenseitig zu wärmen.

Damit der Kopf nachts nicht auskühlt, werden die verschiedenen Möglichkeiten diskutiert. Bei den Mädchen und Jungen mit langen Haaren spielt die Frisur eine ganz neue Rolle und es werden Tipps zum Flechten von Zöpfen oder dem effektiven Binden von Kopfbedeckungen geteilt.

Die Milch, die man abends mit nach Hause nehmen darf, ist ein begehrtes Tauschmittel. Es hat sich in der Nachbarschaft schnell herumgesprochen, bei wem man sich abends ein Tässchen Milch holen kann. Manchmal ist sogar noch ein Ei mit dabei.

Die jugendlichen Pfadfinder kommen gerne zweimal am Tag her, um die Kühe zu melken und das nun schon seit sechs Tagen. RESPEKT.

Gemeinsam schlendern sie im Schein des Mondes und der funkelnden Sterne den dunklen Weg zurück. Von weitem hört man sie das Pfadfinderlied singen:

> „Er war ein Pfadfinder, vom kernigen Schliff.
> Er hielt sich die Treue, was keiner begriff.
> Es gab so viele Vereine, die lockten ihn raus.
> Doch die Pfadfinderkluft, die zog er nicht aus."

Wenn nicht schon seit Tagen da draußen das Leben still stehen würde, könnte man meinen, sie kämen von einem Ferienlager beim Bauernhof.

Achter Tag ohne

Donnerstag – Die Lage wird schwierig

08:28

Das Tageslicht fällt durch das Schlafzimmerfenster. Markus und ich erwachen zeitgleich und lächeln uns an. Mit den Schlafmützen auf dem Kopf sehen wir beide ganz lustig aus.

Wir kuscheln uns noch einen Moment aneinander und dann geht es los. Mit einem Schwung wird die Bettdecke synchron zurückgeschlagen und es gibt einen kleinen Wettlauf in das Badezimmer.

Als wir gerade erst vor dem heißen Kaffee sitzen, knackt das Walkie-Talkie. Marion ist dran. „Guten Morgen Doctora.“ Es knackt noch einmal und macht tüdeldüt.

„Guten Morgen Marion, was gibt es Gutes. Roger.“

„Der Krisenstab hat sich gemeldet.“

„Was heißt das? Roger.“

„Sie sollen sich so schnell es geht dort einfinden. Ihr Freund PD Dr. Becker ist auch da. Roger.“

„Verstanden. Roger.“

Martin ist auch da, was mag das zu bedeuten haben? Sind inzwischen zu viele Menschen in den Seniorenwohnheimen und zuhause verstorben? Oder ist vielleicht sogar eine Ende der Krise absehbar?

„Meine Liebe, wo bist du mit deinen Gedanken?“ Markus ergreift sanft meine Hände und holt mich aus meinen Gedanken in die Realität unserer Küche zurück.

„Ich fahre dich jetzt in die Stadt. Und spätestens nach 6 Stunden hole ich dich wieder ab.“ Er blickt mich sorgenvoll und mit ernstem Gesichtsausdruck an.

„Noch so einen Zusammenbruch wie vorgestern kannst auch du dir nicht leisten. Ganz abgesehen davon, dass ich es nicht gut finde, wenn meine Frau Doctora so mit sich umgeht."

Wir gehen noch eine kleine Runde mit Olly um den Block und dann geht es in Richtung Innenstadt. Die Ampeln sind schon seit einer Woche ausgefallen. Alle Geschäfte, Apotheken, Tankstellen, Praxen und Krankenhäuser sind geschlossen.

Entsprechend wenig los ist auf den Straßen. Gelegentlich stehen liegengebliebene E-Autos mitten auf der Straße oder am Straßenrand. Manchmal muss man sogar Slalom fahren, um durchzukommen.

Es sind einige Fahrradfahrer unterwegs, allerdings keine mit E-Bikes. Die meisten sind viel zu schwer und man kommt ohne die Akku-Unterstützung kaum von der Stelle. Zudem stehen zahlreiche E-Scooter entladen am Straßenrand, versperren die Gehwege oder liegen einfach im Gebüsch.

Markus setzt mich vor der Pforte des Rathauses ab. Gibt mir noch einen Kuss und sagt ernst. „Denk dran, in sechs Stunden hole ich dich wieder ab. Und wenn ich dich da raus tragen muss." Seine Auge blitzen schelmisch und siegessicher.

„Ich werde mein Bestes geben. Bis gleich mein Lieber. Tschüß Olly, pass gut auf Markus auf."

Olly gibt kurz Laut, als wollte er sagen: mach hinne – und zwar flott. Wir haben heute noch was vor. Ich will mit euch beiden in den Wald, und zwar die große Runde. Er wedelt dabei bestätigend mit seinem Schwanz.

9:30

Der Krisenstab der Stadt hat gerade den aktuellen Lagebericht zusammengestellt. Auf der großen Karte im Sitzungsraum sind die 26 Standorte gekennzeichnet.

In einigen Bereichen sind neben den grünen Fähnchen, die Feuerwehrposten markieren, auch orangene und rote Fähnchen zu sehen. Ich habe das System noch nicht ganz durchschaut, als der Leiters des Krisenstabes zur Begrüßung ansetzt.

„Herzlich willkommen zu Krisenstabssitzung am Tag acht ohne Stromversorgung. Wir haben heute den Stab erweitert um einige Fachexperten aus der Medizin, der USB, der Stadtwerke und des Krematoriums. Je länger sich der Stromausfall hinzieht, umso größer werden die zu lösenden Probleme. Zur Übersicht für alle schildere ich die aktuelle Lage:

Die öffentliche Sicherheit ist dank der Schützenbürgerwehr und ihren nächtlichen Patrouillengängen weiterhin stabil und ruhig. Selbst in den eher kritischen Bezirken ist die Lage noch stabil.

Die Treibstoffversorgung der Polizei, Feuerwehr und der Hilfsorganisationen hat die kritische Grenze erreicht und ist im roten Bereich angekommen. Wir greifen inzwischen auf die Leihfahrräder der Firma MetropolRadRuhr zurück, um den Informationsaustausch mit den Feuerwehrposten auf den Marktplätzen zu gewährleisten.

Die Trinkwasserversorgung verläuft immer noch sehr schleppend. Dennoch erfolgt die Ausgabe der Notwasserrationen an die Bevölkerung erstaunlich diszipliniert.

Selbst in unseren sonst eher kritischen Bezirken halten die unterschiedlichsten Volksgruppen erstaunlicherweise friedlich zusammen. Es scheint allen klar zu sein, dass es hier um das nackte Überleben geht. Ein Liter Trinkwasser pro Tag rettet so gerade vor dem Verdursten.

Erst ein Viertel der Trinkwasserwagen ist wegen des Mangels an mechanischen Pumpen im Einsatz. Die historischen Handpumpen aus dem Bergbaumuseum sind inzwischen einsatztauglich.

Damit kann die Wasserversorgung bereits in 12 der 26 Bezirke mit 3 l pro Erwachsenem und 2 l pro Kind an halben Tagen abgesichert werden.

Die Versorgung des Milchviehs ist stabil, nicht zuletzt dank des Einsatzes der Pfadfinder. Diese gehen zweimal täglich zu den umliegenden Bauern und unterstützen beim Melken. Im Gegenzug hat ein Teil der Bevölkerung weiterhin Zugang zu Frischmilch.

Die öffentliche Gesundheitsversorgung war bereits am Ende von Tag drei zu 99 % zusammengebrochen. Die Krankenhäuser haben zeitgleich mit dem definitiven Ausfall der Notstromversorgung ihre Pforten schließen müssen."

Martin senkt an dieser Stelle seinen Blick und denkt an die fünf toten Kinder seiner Intensivstation und an die vielen kritischen Fälle, die er mit ungewisser Prognose nach Hause entlassen musste. Ob seine Schützlinge unter diesen Bedingungen noch am Leben sind?

„Eine rudimentäre Rückfallebene ist mit den Notaufnahmen des Klinikums Bergmannsheil und des Krankenhauses Langendreer noch für die Mitarbeiter der Kritischen Infrastruktur (KRITIS) abgesichert, aber inzwischen auf Kriegsniveau. Soweit man dies noch sagen kann.

Die Lage in Bezug auf die Seuchengefahr ist ernst und das Risiko steigt von Tag zu Tag. Der Hausmüll kann nicht mehr routinemäßig entsorgt werden. Seit Montag, also seit nunmehr vier Tagen, werden zunehmend Ratten in den Wohngebieten beobachtet.

Auch lassen sich die menschlichen Ausscheidungen nicht mehr sicher über die Kanalisationen abführen und werden teilweise beim sich auftürmenden Hausmüll oder auf Freiflächen entsorgt.

Die Sterblichkeit steigt weiterhin sprunghaft an. Hinzu kommen die vielen Toten in den Einrichtungen. Diese Zahlen können wir nur grob schätzen. Aufgrund der aktuellen Meldungen kommen wir auf:

- 453 Tote aus der Schließung der 10 Krankenhäuser
- 8.775 Tote aus den 42 Senioreneinrichtungen
- 1.342 Tote aus Privathaushalten
- 273 Suizide im öffentlichen Raum
- 5 Kältetote unter den Obdachlosen

Insgesamt sind, Stand heute 9 Uhr, bereits 10.848 Tote in Bochum zu beklagen. Die Tendenz ist weiter steigend."

Es breitet sich eine schwere, fast erdrückende Stille im Sitzungssaal aus. Wir sind heute erst an Tag acht, denke ich.

Der Stadtdirektor unterbricht das Schweigen mit dem Satz: „Wir müssen uns darauf einstellen, dass wir nach vorsichtigen Schätzungen ca. 10 % unserer Bevölkerung nicht sicher durch diese Krise bringen können."

Ich überschlage kurz in meinem Kopf: Das bedeutet, wir müssen heute für circa ein Drittel der Verluste eine Lösung finden. Und das ist schon eine kaum zu bewältigende Aufgabe.

In mir regt sich kurz der Gedanke, einfach zu gehen. Auch Martin möchte am liebsten mit mir zusammen den Sitzungssaal verlassen, das ist seinem Gesichtsausdruck anzusehen.

Doch was helfen uns diese Gedanken? Erstmal gar nichts! Wir sind heute hierher eingeladen worden, um Lösungen zu suchen und Antworten zu finden.

Sofort beginnt es in meinem Kopf zu rattern. Ziehen wir mal die genannten Punkte zusammen, dann ergibt sich folgendes Bild:

Donnerstag – Tag 8

		Status	Maßnahmen	Umsetzung
1	Öffentliche Sicherheit	⇑		
2	Treibstoffversorgung	⊖		
3	Trinkwasserversorgung	⇔		
4	Gesundheitsversorgung	⊖		
5	Müllentsorgung	⇓		
6	Seuchengefahr	⇔		
7	Sterblichkeit	⇔		
8	Bestattungswesen	⇓		

⇑ Grün ⇔ Gelb ⇓ Rot ⊖ Kritisch

Wie gut, dass wir gerade Winter und nicht Hochsommer haben, das verschafft uns ein wenig mehr Zeit im Hinblick auf die Toten. Dennoch müssen die damit zusammenhängenden Probleme heute gelöst werden.

Wir werden alle darum gebeten, Lösungen außerhalb des sonst üblichen Rahmens zu finden. Es ist eine neue und für uns alle außergewöhnliche Lage und es gibt erstmal keinerlei Denkbeschränkungen – mit Ausnahme der Annahme, dass die Stromversorgung schnell wiederhergestellt sein wird.

Wie gut, dass der Leiter des Krisenstabs das noch erwähnt hat, wir hätten das fast alle vergessen.

Ich muss gut aufpassen: Wenn Sarkasmus um sich greift, ist der Schritt zum Burnout nicht mehr weit... Zum Glück wird Markus mich ja gleich wieder abholen aus diesem Spieleparadies. Es ist wie ein Alptraum, in dem man bemerkt, dass alles nur ein Traum ist und hofft, dass jemand kommt, der einen wachrüttelt.

Zur Steigerung der Arbeitseffektiviät werden acht kleine Arbeitsgruppen gebildet. Jeweils ein Experte aus dem jeweiligen Bereich leitet die Diskussion und schreibt die Lösungsansätze auf. Wir dürfen uns zu den einzelnen Punkten frei einbringen im Rahmen unserer Expertise. Möglichst „Dalli, Dalli“, um Hans Rosenthal zu zitieren.

10:12

Im Elektrobetrieb Friedrich geht es seit gut einer Woche alles andere als ruhig zu. Markus, der Chef, war als „alter Hase“ vor einer Woche an der Rettungsaktion der eingeschlossenen Fahrgäste in den U- Bahnen beteiligt.

Seit Montag tauscht er sich täglich mit seinen beiden erfahrenen Kollegen und Elektromeistern aus. Sie haben eine kleine Gruppe gebildet, zu der jeder ein bis zwei Fachkräfte mitbringt. Die Söhne von Markus Friedrich, Benn und Arno, gehören mit dazu. Gemeinsam tauschen sie das „alte Wissen der Meister“, welches sie sich über Jahre und Jahrzehnte angeeignet haben, aus. Schließlich möchten sie alle gut darauf vorbereitet sein, wenn auf den Stromleitungen wieder Spannung anliegt.

Es ist zu erwarten, dass es nicht auf Knopfdruck überall wieder hell werden wird und alles genau so reibungslos funktionieren wird wie vor dem totalen Stromausfall am letzten Donnerstag.

Während der täglichen Besprechungen ist Markus gut abgelenkt. Doch immer wieder erinnern ihn die Schmerzen in der Brust, die in den linken Arm ausstrahlen, dass etwas nicht ganz in Ordnung ist mit ihm.

Die Untersuchung beim Professor ist durch den Stromausfall unterbrochen worden. Zur Zeit sind alle Praxen und Krankenhäuser bis auf weiteres geschlossen.

Er versucht, sich so wenig Stress wie möglich zu machen und vermeidet zusätzliche körperliche Anstrengungen.

Abends zum Einschlafen nimmt er die Lavendel-Herz-Auflage inzwischen ganz freiwillig an, wenn Beate ihm den Waschlappen mit dem Lavendel-Öl auf die Brust legt. Er kann damit gut und beruhigt einschlafen und hofft, dass er am nächsten Morgen wieder wach wird.

11:32

Im Mehrfamilienhaus am Südring ist der Hausmeister Krause von der Wohnungsbaugesellschaft beauftragt worden, der Meldung über den Geruch nachzugehen. Er klopft kräftig unten bei den Eheleuten Symanski an.

Als er von dem seit einer Woche vermissten Mieter und dem süßlichen Geruch erfährt, verzieht er reflektorisch sein Gesicht und atmet unbewusst durch die Nase ein. In seinen 22 Jahren als Hausmeister hat er schon viel gesehen. Von sehr ordentlichen und aufgeräumten Haushalten, die eher einer Möbelausstellung gleichen, bis hin zu sogenannten Messiwohnungen, wo Fliegen, Maden und andere Krabbeltiere das Empfangskomitee bilden.

Der Hausmeister geht mit den Symanskis nach ganz oben. Frau Symanski entschuldigt sich, dass der Hausflur diese Woche noch nicht geputzt worden ist. Wobei das in diesem ansonsten sehr gepflegten Treppenhaus überhaupt nicht auffällt.

„Wissen Sie, die kleine Hannah aus dem 2. Stock ist tot im Park gefunden worden. Das hat uns alle richtig mitgenommen. Noch keine fünfzehn ist sie gewesen. Ihre Mutter, die Frau Grevenstein, arbeitet von früh bis spät, um dem Kind alles zu ermöglichen. Schicke Kleidung, neuestes Handy, alles – und jetzt ist sie tot." Sie bleibt kurz stehen, um sich die Tränen mit einem sauberen Stofftaschentuch abzuwischen.

Oben angekommen, ist der markante, süßliche Geruch deutlich wahrnehmbar. Er scheint quasi unsichtbar unter dem Türspalt heraus zu wabern.

Zuerst wird fest an die Tür geklopft und laut gerufen. Nichts, außer Stille. Geschickt bohrt Hausmeister Krause das Türschloss auf. Er hat viel Übung, da er in den letzten Tagen viele Wohnungen auf diese Art öffnen musste.

Bevor er die Wohnung betritt, setzt er sich noch eine FFP2-Maske auf, in deren oberen Drittel er von innen noch etwas aus einem kleinen Sprühfläschchen einsprüht. Diesen Trick verriet ihm ein befreundeter Kammerjäger. Etwas Minzöl verhindert, dass man diesen penetrant süßen Geruch für länger in der Nase hat, auch wenn man schon längst wieder zuhause ist. Zudem zieht er sich noch Einmalhandschuhe an.

Unter lautem Rufen des Namens öffnet er vorsichtig die Tür. „Bitte warten Sie hier", sagt er zu Symanskis, die sich schon beide die Nase zuhalten. Vorsichtig geht er den Flur entlang. Die Wohnung ist nur spärlich eingerichtet. Eine volle Mülltüte hängt in der Küche an der Tür des Spülenunterschranks.

Im Wohnzimmer ist niemand. Im Schlafzimmer sieht man das benutzte und aufgeschlagene Bett. Er öffnet vorsichtig die Tür zu dem schmalen, langgestreckten Badezimmer. Der süßliche Geruch schlägt ihm heftig entgegen, da schützt ihn seine Maske auch nur wenig.

Am Ende des Schlauchs sieht er den Mieter, der im Schlafanzug mit heruntergelassener Hose auf der Toilette sitzt. Der Oberkörper ist leicht seitlich an die Wand gekippt. An der fahlen Farbe und dem Ausdruck in seinem Gesicht kann man unschwer erkennen, dass er schon länger tot sein muss.

Hausmeister Krause schließt die Badezimmertür und geht zurück in den Hausflur. Mit Blick auf die Symanskis sagt er: „Letzte Woche hatten wir noch alle gewusst, was zu tun ist. Ihr Nachbar lebt nicht mehr."

Frau Symanski schlägt sich die Hände vors Gesicht und beginnt zu weinen. Ihr Mann nimmt sie tröstend in den Arm.

„Und was machen wir jetzt?", fragt Herr Symanski ganz pragmatisch. Er kennt das normale Prozedere, wenn jemand tot in der Wohnung aufgefunden wird. Zuerst die Polizei verständigen, diese informiert den Rechtsmediziner und dann kommt der Bestatter. Zumindest galt das bis letzte Woche noch.

Heute können wir weder die Polizei anrufen, noch kommt ein Rechtsmediziner – und ob überhaupt noch ein Bestatter zu bekommen ist?

Hausmeister Krause hat genau diese Fragen schon mehrfach gestellt bekommen und das auch selber seinen Vorgesetzten gefragt.

Aber es gibt noch keine klaren, verbindlichen Handlungsanweisungen dazu. Er zuckt die Schultern. „Das weiß ich auch nicht so genau."

Darauf meint Herr Symanski: „Na, dann fragen wir an der Feuerwehrmeldestelle nach, die müssen's ja wissen."

13:23

Frau Dr. Maring ist heute sehr gefragt. Bei dem Feuerwehrmeldepunkt in ihrem Wohnviertel sind viele Meldungen über Menschen mit Durchfall eingegangen. Sie hat sich zusammen mit Frau Sönnchen im Einmalkittel, FFP2-Maske und Einmalhandschuhe auf Hausbesuchstour begeben.

Die Bilder gleichen sich – fast überall. Es beginnt mit Übelkeit und schwallartigem Erbrechen, begleitet von breiig-wässrigen Durchfällen. Viele Menschen sind aufgrund der Wasserknappheit ohnehin schon sehr ausgetrocknet und haben keine großen Reserven mehr.

Beim Abhören sind sehr lebhafte Darmgeräusche zu hören. Beim Abtasten ist der Bauch empfindlich und zum Glück ohne tastbare oder schmerzhafte Resistenzen. Doch oft fühlen sich die Betroffenen sehr schlapp und haben zum Teil erhöhte Temperatur. Einige klagen zusätzlich über Kopf- und Gliederschmerzen.

Ohne funktionierendes Labor den Erreger zu bestimmen, daran braucht man gar nicht erst zu denken. Für eine Stuhlanalyse würde zwar auch ein einfaches Lichtmikroskop ausreichen, vorausgesetzt man weiß, wonach man suchen muss.

Die Labormikroskope, die sie kennt, funktionieren alle nur mit einer Lichtquelle. Deren LEDs zwar prinzipiell auch aus Akkus gespeist werden können – da es aber natürlich viel praktischer ist, sich um die Stromversorgung nicht kümmern zu müssen, sind natürlich alle Modelle für den Anschluss am Stromnetz ausgerüstet. Wer dachte denn schon bei der Beschaffung an eine solche Situation. Früher gab es mal einfache Schülermikroskope mit einem Spiegel, die konnte man auch bei Sonnenlicht gut nutzen. Doch wo gibt es noch so etwas? Im Museum vielleicht? Oder in Schulen, deren technische Ausstattung manchmal einem Museum ähnelt?

Bei dieser Art von Durchfallerkrankung hätte man auch ohne Stromausfall genug mit sich selber zu tun und ist schon froh, rechtzeitig die Toilette zu erreichen.

Jetzt ist seit acht Tagen Kreativität gefragt. Für den Toilettengang haben einige Haushalte richtig gute Alternativen entwickelt. Die Luxusvariante einer Regen- oder Brauchwasserspülung haben nur wenige schon vor längerer Zeit installiert – meist sogenannte Prepper-Haushalte. Andere haben eine Badewanne voll mit Wasser, aus der sie immer noch für die Toilettenspülung schöpfen können.

Eine Eimer-Toilette ist eine einfache Alternative und leicht zusammengestellt. Man braucht dazu einen ovalen, leeren Farbeimer, passende Plastiktüten, falls vorhanden etwas Katzenstreu und eine einfache Toilettenbrille, damit der Rand nicht so unbequem am Gesäß drückt.

Der historische Nachttopf oder ein Kindertöpfchen sind ebenfalls brauchbare Lösungen. Dagegen kann ein leerer 500 g Joghurtbecher mit einer kleinen Tüte drin bei massivem Durchfall etwas knapp werden.

In Berlin existieren noch über 2.000 der großen, grünen Schwengelpumpen, mit denen unabhängig vom Leitungsnetz oberflächennahes Grundwasser gefördert werden kann und die von den Bezirken als Notpumpen in Betrieb gehalten werden. Trinkwasserqualität ist das natürlich nicht, aber in dieser Situation immer noch besser als auf dem Trockenen zu sitzen und zu dursten.

Wir in Bochum haben einige wenige feste Wasserspender und – ganz neu – auch mobile, an Hydranten angeschlossene Wasserspender, um sich mal eine kleine Wasserflasche aufzufüllen.

Dr. Maring verordnet als wichtigste Maßnahme die Flüssigkeitszufuhr mit einer Elektrolytlösung. Trinken, trinken und nochmals trinken ist die Devise. Diese Lösung kann man ganz einfach selber herstellen: Auf einen Liter schwarzen Tee kommen ein Esslöffel Zucker und eine Prise Salz. Der schwarze Tee hemmt die Darmaktivität, Zucker und Salz begünstigen die Aufnahme des Wassers über die Darmschleimhaut.

Frau Sönnchen und Dr. Maring desinfizieren sich vor und nach jedem Patientenkontakt sorgfältig ihre Hände. Zudem werden das Stethoskop, die manuelle Blutdruckmanschette und das Pulsoxymeter penibel desinfiziert, bevor sie wieder in die Tasche kommen.

Nach drei Hausbesuchen ist das Erkrankungsmuster klar erkennbar. Wieder zurück auf der Straße in der kühlen klaren Winterluft überlegen die beiden, wie den vielen Patienten allein in dieser Straße effektiv geholfen werden kann.

Alle benötigen Unterstützung bei der Flüssigkeitsversorgung mit einer Elektrolytlösung. Frau Sönnchen denkt laut nach und fragt: „Ist alkoholfreies Bier nicht auch eine isotonische Lösung und könnte helfen?“

Wichtig ist jetzt zudem die Hygiene. Doch ohne ausreichend Wasser zum Trinken und zum Waschen ist das ein echtes Problem. Ob es noch Vorräte an Desinfektionsmitteln gibt, die man verteilen kann? Alternativ kann aus Brennspiritus oder hochprozentigem Rum eine 80 %-ige, desinfizierende Lösung hergestellt werden, die zumindest für die Händedesinfektion und das Abwischen der Toilettenbrille geeignet ist.

Und es ist auch die Frage zu klären, wer die Ausscheidungen wohin bringt. Einfach auf die Straße kippen ist keine Lösung. Am besten wäre es, eine Art „Entsorgungsdienst“ in dieser Straße einzurichten, um eine weitere Ausbreitung des Magen-Darm-Infektes einzudämmen. Gerade im Winter breiten sich derartige Durchfallerkrankungen gerne schnell aus.

14:47

Beim Krisenstab geht eine neue Meldung vom Standort Westenfeld ein. Die Ärztin Frau Dr. Maring teilte mit, dass es in drei Straßenzügen den Verdacht auf einen Norovirusausbruch gäbe. Aktuell sind 32 Patienten in 14 Haushalten betroffen, der Zustand von 17 Patienten (Kleinkinder und Hochbetagte) ist kritisch.

Oh Schitt!, denke ich. Das hat uns gerade noch gefehlt! Und wenn Frau Dr. Maring das gemeldet hat, ist die Lage dort vor Ort verdammt ernst.

Also können wir aus Punkt 4 Gesundheitsversorgung und Punkt 5 Müllentsorgung einen neuen Punkt „Seuchenintervention Noro“ machen.

Ich erinnere mich dunkel, dass wir vor Jahren bei der ersten Flüchtlingswelle 2015/16 ein iMANV-Konzept[13] mit dem Bereich Rettungsingenieurwesen der Hochschule für Angewandte Wissenschaften entwickelt haben. Damals ging es um einen Noroausbruch in einer Flüchtlingsgroßunterkunft mit 400 bis 600 Menschen. Das Buch „Medizinische Flüchtlingsversorgung“ müsste noch bei mir zu Hause im Bücherregal stehen.

Die Ergebnisse der Beratung werden zusammengetragen und am Memoboard angepinnt. Jede Arbeitsgruppe erläutert kurz und knapp ihre Überlegungen und die dazu erforderlichen Maßnahmen. Es wird danach kurz über die Realisierbarkeit und über die dafür erforderlichen Ressourcen diskutiert. Letztendlich ist allen klar, dass alles miteinander verzahnt ist, wie beim mechanischen Uhrwerk einer Turmuhr. Jede einzelne Maßnahme hat Auswirkungen auf die andere. Je schneller und effektiver wir handeln, umso größer sind die Chance für den Einzelnen.

Donnerstag – Tag 8

		Status	Maßnahmen	Umsetzung
1	Öffentliche Sicherheit	⇑	Bürgerschutz, Nachtwachen	Bürgerschützen
2	Treibstoffversorgung	⊖	Alternative Mobilität Fahrräder	
3	Trinkwasserversorgung	⇔	Ausbauen	
4	Gesundheitsversorgung	⊖		
4/ 5	Seuchenintervention Noro	⇓	Lokaler Plan	
5	Müllentsorgung	⊖	Sammelstellen	
6	Seuchengefahr	⇔	Leichen, Infektionen	
7	Sterblichkeit	⇔	Steigend	
8	Bestattungswesen	⊖	Bergung der Toten Sammelstellen für Registrierung Massengräber: Standorte festlegen	

⇑ Grün ⇔ Gelb ⇓ Rot ⊖ Kritisch

[13] intrinsischer Massenanfall von Verletzten, s. Buch Medizinische Flüchtlingsversorgung ISBN 978-3-86541-898-2

16:00

Markus steht mit Olly an der Pforte, als es schon wieder dämmert. Es ist kalt – bei sechs Grad – und hat angefangen leicht zu nieseln.

Normalerweise würde er eine kurze Textnachricht zur Erinnerung schicken. Dies fällt immer noch schlicht und ergreifend aus wegen „is nich".

Es klopft an der Tür, hinter der der Krisenstab im Rathaus tagt. Markus erscheint in voller Größe und schaut freundlich nickend in die Runde. Viele kennen ihn hier noch. Er war damals während der Corona-Krise als externer Berater für die ökonomische Perspektive ein gefragter Experte.

,„Guten Tag zusammen, Marquard, Markus Markquard. Ich störe ungern, habe hier aber einen wichtigen Auftrag zu erfüllen."

Irgendjemand hat an der Uhr gedreht und es ist tatsächlich schon nach 16 Uhr. Markus blickt freundlich und bestimmt lächelnd in meine Richtung. Diesen fürsorglichen und zu recht besorgten Blick kenne ich nur zu gut und bin dankbar dafür, dass er mich jetzt abholt. Ich erhebe mich langsam, alles tut mir weh vom langen Sitzen. Mit einem müden Lächeln überspiele ich meine Anlaufschwierigkeiten „Oh, da hat einer an der Uhr gedreht." Bei den ersten Schritten sehe ich noch nicht ganz so geschmeidig aus.

„Ich verabschiede mich für heute und suche das iMANV-Konzept heraus. Die aus meiner Sicht wichtigsten Punkte sind soweit vorbereitet. Wir sehen uns dann morgen wieder hier?"

Der Leiter des Krisenstabs bedankt sich bei allen und wünscht uns einen ruhigen und erholsamen Nachmittag. „Und kommen Sie mir morgen alle um 9 Uhr gesund wieder."

Ich gehe noch kurz zu Martin rüber, der auf der anderen Seite des langen Tisches sitzt. „Möchtest du noch mit zu uns kommen, um das alles sacken zu lassen?"

Ich weiß, dass er seit der Scheidung von Marianne oft nur zum Schlafen zu Hause gewesen ist. Jetzt, seitdem die Kinderklinik geschlossen hat, fehlt ein Stück des stabilen, tragfähigen sozialen Netzes. Außerdem ist unser nächster Termin morgen früh wieder zusammen hier.

Neunter Tag ohne

Freitag – Die Talsohle ist erreicht

08:07

Erneut wache ich im Dunkeln auf und lausche den Geräuschen um mich herum. Markus liegt wieder lautlos und gleichmäßig atmend neben mir. Aus dem Gästezimmer höre ich das gleichmäßige Schnarchen von Dr. Martin.

Wir haben gestern Abend bei einem Glas Wein, schwarzen Oliven und dem Rest des Parmesankäses die Ereignisse der letzten Woche Revue passieren lassen. Auch bei Martin war beim zweiten Glas Wein der Damm gebrochen und die Emotionen haben sich tränenreich den Weg nach außen gebahnt und seine Seele gereinigt.

Die Last, die Entscheidungen über Leben und Tod, die er am letzten Sonntag umsetzen musste, hatte eine völlig andere Dimension als alle bisherigen medizinischen Entscheidungen seiner Laufbahn zusammen. Darüber ist es dann spät geworden.

Jetzt wird es Zeit für einen Mokka – und was der Vorrat zum Frühstück noch so her gibt. Schließlich werden Martin und ich gleich wieder im Rathaus erwartet.

09:00

Der Krisenstab hat sich in gleicher Zusammensetzung wie am Vortag pünktlich wieder eingefunden. Die Berichte aus den 26 Bezirken trudeln erst nach und nach ein, da die Boten, um Energie zu sparen, inzwischen mit dem Fahrrad zu den Knotenpunkten fahren.

Das hat etwas von Stafette oder Staffellauf. Bin mal gespannt, wann die ersten Boten zu Pferd ihre Pergamentrollen mit den versiegelten Informationen überreichen. Meine Gedanken waren kurz in einem falschen Jahrhundert – hoffe ich zumindest.

In Westenfeld greift das Norovirus weiter um sich. Man erwägt ernsthaft, Straßensperren einzurichten, damit die Ausbreitung reduziert werden kann.

Positiv ist zu vermelden, dass Frau Dr. Maring zusammen mit der Frauengemeinschaft einen Versorgungsplan für die Erkrankten ausgearbeitet hat. Auf dem Marktplatz wird über der Feuerstelle Wasser gekocht und schwarzer Tee zubereitet. Dieser wird dann in die Thermoskannen der betroffenen Haushalten abgefüllt und mit Zucker und der Prise Salz versehen.

Die Bürgerschützen haben dazu Bollerwagen organisiert, sammeln bei der ersten Abendrunde kurz nach 16 Uhr die Thermoskannen ein und teilen diese zur letzten Runde bis kurz vor 8 Uhr wieder aus. So erhalten die erkrankten Bewohner 2 Liter heißen Schwarztee und eine Notration Wasser mit 2 x 500 ml pro Tag.

Die Bewohner der betroffenen Haushalte hängen einen Zettel an die Tür, wie viele Personen noch krank sind, wem es besser geht und wer es nicht geschafft hat. Die Abholung der Tüten mit Ausscheidungen erfolgt tagsüber mit Schubkarren vom USB in besonderer Schutzkleidung. Diese werden in zentralen Containern gesammelt.

Die Toten werden in Leichensäcken auf Handwagen abtransportiert. Auch für sie sind feste zentrale Sammelstellen eingerichtet worden. Diese befinden sich jeweils zentral in den inzwischen gänzlich leeren Lagerhallen einer Supermarktkette. Nicht bei allen Verstorbenen kann noch eine offizielle Leichenschau durchgeführt werden. Dafür sind es inzwischen viel zu viele Menschen, die in den letzten Tagen ihr Leben verloren haben. Es ist so schon eine große Aufgabe, die Toten zusammen mit einer Todesbescheinigung sicher zu den zentralen Sammelpunkten zu bringen und die Listen für die Standesämter zu führen.

Nach Eingang der letzten Meldungen um 10 Uhr sieht die aktualisierte Bilanz so aus:

- 453 Tote aus der Schließung der 10 Krankenhäuser
- 12.362 Tote aus den 42 Senioreneinrichtungen
- 3.693 Tote aus Privathaushalten (davon 163 Kinder unter 5 Jahren)
- 321 Suizide im öffentlichen Raum
- 6 Kältetote unter den Obdachlosen
- **Bilanz:** 16.835 Tote auf dem Stadtgebiet von Bochum.

12:53

Frau Dr. Maring war heute zusätzlich bei fünf Familien, die Todesfälle zu beklagen haben.

- Die Älteste war eine 92-Jährige, die vorher schon drei Monate lang bettlägerig war.
- In der zweiten Familie ist die 53-jährige Mutter von drei erwachsenen Kindern gestorben. Sie ist im Treppenhaus schwer gestürzt und hat die Folgen einer unbehandelten Oberschenkelhalsfraktur bei schwerer Osteoporose nicht überstanden.
- In der dritten Familie ist ein 48-jähriger Mann mit bekannt schwerer COPD an einer Lungenentzündung verstorben.
- In der vierten Familie hat ein 16-Jähriger zwei Flaschen Wodka in suizidaler Absicht getrunken und einen Abschiedsbrief hinterlassen. Die Eltern haben ihn erst zwei Tage später tot in seinem Bett aufgefunden.
- In der fünften Familie hat ein 18 Monate altes Kleinkind den Norovirus nicht überstanden.

Es ist gerade so schwer auszuhalten – für alle Hinterbliebenen.

Frau Dr. Maring und Frau Sönnchen versuchen, unter diesen Umständen so würdevoll wie möglich die Toten in die Transportleichensäcke zu legen.

Die wichtigste Aufgabe ist es, Beistand zu leisten und den zum Teil selber erkrankten Familienmitgliedern Mut und Hoffnung zu geben.

14:17

Herr Abramovic macht sich fein, so gut es geht. Wenigstens einmal das Gesicht und die Hände waschen und die schwarzen Ränder unter den Fingernägeln mit einer Nagelfeile entfernen.

Es ist eine normale Ausscheidungsreaktion des Körpers, dass sich mehr dunkler Belag unter den Fingernägeln bildet als sonst. Seinen nur noch spärlich vorhandenen, silbergrauen Haarkranz hat er sorgsam gekämmt.

Er schlüpft in seinen warmen Wintermantel. Dieser hat ihn die letzten acht Nächte als zusätzliche Decke vor dem Frieren und Auskühlen geschützt. Obwohl er nur sehr wenig zu essen hat, geht es ihm erstaunlich gut. Nur seine Kräfte haben etwas weiter nachgelassen und er wird von Tag zu Tag noch langsamer beim Gehen.

Deshalb startet er mit seinem Rollator jetzt schon eine halbe Stunde eher, um pünktlich um 15 Uhr seine Gertrud auf dem Marktplatz wiederzusehen. Der Gedanke an Gertrud gibt ihm Kraft und Hoffnung zugleich. Auch wenn es heute leicht nieselt, er freut sich auf ihr Lächeln!

Als er durch die große Eingangshalle geht, blickt er auf die Seite der Wand mit den Bildern der aktuell in dieser Woche Verstorbenen. Inzwischen hat die Anzahl der Bilder deutlich zugenommen.

An der Pforte erfährt Herr Abramovic, dass die beiden Vollpflegestationen inzwischen gänzlich ausgestorben sind.

Von den ehemals 160 Bewohnern sind 18 bei ihren Familien und 23 sind jetzt noch auf der Station A und B. In den letzten beiden Tagen sind weitere 36 Bewohner hier im Haus gestorben.

Seine Nachbarin von gegenüber, Frau Anita Koslowski, hat sich seit Montag wieder etwas berappelt. Die Phase der Verwirrtheit, hervorgerufen durch den akuten Wassermangel, hat die 76-Jährige relativ gut überstanden.

Gestern ist sie zum Altenbochumer Markt gelaufen, um das Wasser und das Care-Paket für sie beide abzuholen. Das Abendessen nehmen sie inzwischen immer gemeinsam ein. So hat jeder etwas Ansprache, da es ja immer noch kein Fernsehprogramm und keine Tageszeitung gibt.

Auf dem Altenbochumer Markt ist es etwas ruhiger als noch vor zwei Tagen. Bei dem leichten Nieselregen zieht die Kälte gefühlt unter die Haut. Es ist einfach scheußliches, schäbiges Wetter.

Die Warteschlange ist dafür heute nicht so lang. Herr Abramovic hält Ausschau. Ganz hinten, am anderen Ende des Marktplatzes, scheint im grauen Nieselregen ein Schirm mit der Silhouette von Gertrud mit ihrem Gehstock samt deren Tochter aufzutauchen. Sein Herz hüpft vor Freude und er fühlt sich wie ein kleiner Junge, der es vor Aufregung kaum aushält.

„Meine herzallerliebste Gertrud!" ruft er, als sie kurz vor ihm und bereits in Hörweite sind. „Welch eine Freude! Komma lecker bei mich bei und lass dich umarmen!"

In Gertruds Geschichte spiegelt sich diese Freude wider. Sie öffnen ihre Arme für eine Umarmung, die gar nicht mehr zu enden scheint. Tochter Petra hält die ganz Zeit den großen Schirm über die beiden wie einen Schutzschild. Sie ist sehr froh, dass ihre Mutter einen guten Grund hat, wenigstens alle zwei Tage mit ihr vor die Tür zu gehen.

Die ganze Situation zuhause ist nicht leichter geworden. Eigentlich müsste dringend wieder Wäsche gewaschen werden. Ohne Strom könnte man ja noch ein paar Teile mit der Hand auswaschen. Aber da das Wasser gerade eben zum Trinken und zum Zubereiten kleiner Gerichte ausreicht – und ganz knapp noch für eine „Katzenwäsche" zur Körperpflege, ist daran noch nicht einmal zu denken.

Petra hat sich nie vorstellen können, auch nur an einem einzigen Tag nicht zu duschen und ihre Haare nicht zu waschen. Erstaunlicherweise ist sie bisher daran nicht gestorben.

Die ersten drei Tage waren für sie nur schwer auszuhalten. Sie hat sich anfänglich extrem schmutzig gefühlt. Doch mittlerweile hat Petra bemerkt, dass ihre Haut sich verändert hat. Der Säureschutzmantel hat sich wieder aufgebaut und bietet so eine Barriere gegen Bakterien. Und die natürliche Hautflora wird nicht mehr durch Hautreinigungsmittel zerstört. Auch ihre Haare kleben selbst nach einer Woche nicht fettig am Kopf, sondern sehen dank regelmäßigem Bürsten ganz manierlich aus.

Außerdem geht es gerade allen gleich und damit fällt man so gar nicht auf. Im Gegenteil: Wer jetzt frisch gestylt vom Friseur um die Ecke käme, würde auffallen und Misstrauen erwecken. Verkehrte Welt in dieser Phase der Extreme. Trotzdem wünscht sie sich sehnlichst, eine ganze Stunde mit warmem Wasser, ausgiebig und in Ruhe, duschen zu können.

Sie sind jetzt an der Reihe und nehmen ihre Wasser- und Care-Pakete entgegen. Herr Abramovic packt diese Schätze in das Körbchen von seinem Rollator. Er und Gertrud umarmen sich zum Abschied noch einmal innig und verabreden sich erneut in zwei Tagen hier am Marktplatz. „Also bis Sonntag meine Liebe" – er ergreift ihre Hand und haucht einen Handkuss darauf. Gertrud errötet leicht und erwidert mit einem herzergreifenden Lächeln: „ Bis Sonntag, mein Lieber."

Petra denkt: Wenn Mutter jetzt noch einen Knicks zum Abschied macht und dann noch drei Schritt rückwärts geht, um Micael einen Luftkuss zuzuwerfen, dann darf mich mal jemand kneifen, damit ich wach werde. Dann wäre auch sie im falschen Film, definitiv. Liebe ist eine der stärksten Motivationen und der Glaube daran kann Berge versetzten.

Aber so weit kommt es nicht. Petra sagt noch „Auf Wiedersehen und bis Sonntag Herr Abramovic“ und hakt sich bei ihrer Mutter unter. Zusammen gehen sie unter dem großen Schirm in Richtung Kirche und sind im Grau des Nieselregens nach wenigen Schritten schnell verschwunden.

16:03

Die Krisenstabssitzung ist für heute beendet. Alle Teilnehmer sind fertig und erschöpft. Markus und Olly warten bereits am Haupteingang vor dem Rathaus.

Martin kommt gerne wieder mit zu uns, möchte sich aber vorher noch kurz von zuhause ein paar frische Sachen holen.

Mich setzen die beiden am Ende der Straße bei Familie Sundermann ab. Olly kommt mit zur kurzen Visite.

16:24

Als ich an die Tür klopfe, öffnet mir Sonja mit schmerzverzerrtem Gesicht und hält dabei die Hand auf die linke Wange. „Kommt rein.“ Ihre Stimme klingt etwas merkwürdig, als ob sie beim Sprechen den Mund nicht bewegt.

Sonja hat schon den ganzen Tag über heftige Zahnschmerzen. Ausgerechnet. Sie „liest“ gerade zusammen mit Josy ein Bilderbuch mit den Tieren vom Bauernhof. Anton und Laura spielen zusammen mit Paul im ganzen Haus verstecken.

Ron hat sich in die Küche zurückgezogen und bereitet das Abendbrot vor. Für den Abwasch vom Mittagessen hat er einen einzigen Liter Wasser zur Verfügung. Die Wasservorräte teilt er jetzt gut ein, da trotz der zusätzlich zugeteilten Wasserrationen die Reserven schneller verbraucht werden, als er vorher geschätzt, berechnet und eingeplant hatte.

Die Spülmaschine für die große Familie steht seit fast zehn Tagen dekorativ in der Küche, verschönert nur noch den Raum und erinnert an die Zeit, als sich der Haushalt quasi von selber erledigt hat – glaubt man der Werbung, die es jetzt zum Glück auch nicht mehr gibt.

„Schau erst nach den Kindern, dann kann Ron sie gleich nach dem Abendessen ins Bett bringen.“

Josy sitzt schon in ihrem Hochstuhl und hat schon eine kleingeschnittene, halbtrockene Scheibe Brot mit Butter auf ihrem Brettchen. Sie strahlt mich an und zeigt auf Olly „Wau wau.“ Olly setzt sich direkt neben sie und hofft darauf, dass sie ihm ein paar von ihren Krümeln hinhalten wird.

Laura kommt zusammen mit Anton um den Tisch gelaufen. Ihr Gang sieht schon viel sicherer aus. Ihre Füße haben sich unter den vorsichtigen Massagen von Sonja deutlich stabilisiert. Laura hat fast keine Schmerzen mehr. Noch ein paar Tage, dann wird sie auch wieder feste Schuhe anziehen oder zumindest in Gummistiefeln raus in den Garten gehen können.

Auf seinen Unterarmgehstützen kommt der Große an und schaukelt munter mit den Beinen. Die Narbe ist völlig reizlos. „Anton, wir nehmen jetzt die kleinen blauen Fäden raus. Es wird mal kurz frisch." Das Desinfektionsspray geht langsam zur Neige und ich muss die Flasche schräg halten, damit noch etwas raus kommt. Die Pinzette und die kleine Schere habe ich ebenfalls kurz eingesprüht.

Anton schaut ganz neugierig zu. Der erste Faden wird mit der Pinzette angehoben und auf der einen Seite des Knotens kurz über der Haut durchgeschnitten. Mit der Pinzette lässt er sich auf den anderen Seite leicht herausziehen.

„Darf ich auch einen rausziehen?" fragt Anton. Mit einem „Na klar" reiche ich ihm die Pinzette. Er hebt den Faden an und ich schneide ihn durch. Schwups – er hält den Faden mit der Pinzette in die Luft. „Ich kann das auch!", ruft er stolz. Schnell sind alle Fäden entfernt. Die Narbe wird noch einmal eingesprüht und fertig. Die Gipskontrolle ist auch schnell erledigt und unauffällig, keine Druckstellen.

Die Kinder haben alle schnell ihre Teller leer gegessen und den warmen Kräuertee getrunken. „So, dann mal schnell ab ins Bett ihr drei. Gute Nacht." Von allen Vieren bekomme ich noch eine Umarmung. Selbst Laura hat ihre Schüchternheit abgelegt und entwickelt sich hier in der Familie Sundermann prächtig. Und Olly wird auch noch mit ein paar Streicheleinheiten verabschiedet.

„Sonja, jetzt bist du dran." Sie hat Schmerzen am 5er, dem ersten Backenzahn im Unterkiefer. Ein Zahnarzt ist heute nicht zu bekommen. Als Alternative zur Schmerzreduktion helfen **Nelken** oder **Nelkenöl**.

Eine ganze Nelke aus der Küche wird zwischen die Backenzähne auf der linken Seite gelegt. „Damit kannst du die Schmerzen lindern."

Selbst wenn man einen Zahnarzt finden würde, könnte er auch keine sinnvollere Behandlung anbieten, denn ohne Strom stehen auch alle

Dentalturbinen still und den Zahn zu ziehen ist heute Abend keine echte Alternative.

18:07

Wir drei sitzen wieder im Wohnzimmer vor dem Kamin. Markus hat eine Flasche guten Weißweins aus unserem Weinkeller geholt.

Heute gibt es wieder schwarze Oliven und diesmal trockene Dinkelstangen dazu. Eine kleine Schale mit Pistazien zum selber knacken hat er auch noch aus dem Vorrat gezaubert.

Unser Freund Martin ist sehr froh, das er mit uns emotional auftanken kann. Das gute alte Sprichwort ist echt resilienzfördernd:

> Geteiltes Leid ist halbes Leid und
> geteilte Freude ist doppelte Freude.

Zehnter Tag ohne

Samstag – Licht am Ende des Tunnels

6:58

Olly weckt mich. Er meldet sein dringendes Bedürfnis an, indem er seine Vorderpfoten auf mein Bett legt hat und mich mit seiner weichen, warmen Schnauze vorsichtig anstupst.

Draußen leuchtet keine Straßenlaterne und es ist immer noch dunkel. Markus schläft lautlos wie immer und aus dem Gästezimmer höre ich Martin laut schnarchen. Rasch ziehe ich mir etwas Warmes an und los geht's.

Wir gehen eine kleine Runde durch unser Viertel in Richtung der Felder. Dabei treffen wir auf Gerd und Alexander von den Bürgerschützen, die auf ihrem letzten Rundgang sind.

Wir tauschen uns kurz aus. Auch in dieser Nacht ist es bei uns im Viertel ruhig geblieben – zum Glück. Aus den Problemvierteln in unseren Nachbarstädten werden ganz andere Storys erzählt. Wie gut, dass es die Bochumer Bürgerschützen gibt und wir bisher nachts sicher und friedlich schlafen können.

Die Gesundheitsversorgung funktioniert auf dem bekannt niedrigen Niveau, aber noch halbwegs berechenbar. Das Norovirus scheint die Grenzen von Westenfeld ganz gut zu kennen. Es sind anscheinend kaum Menschen darüber hinaus erkrankt. Bis auf drei Familien, die engere Verwandtschaft in Hamme haben, hat es bisher keine weitere Ausbreitung gegeben. Ob das wirklich an der Absperrung liegen mag?

Auf dem Marktplatz gibt es gleich um halb acht frische Brötchen. Die Bürgerschützen treffen sich dort immer am Ende der Nachtwache. „Da sind bestimmt auch ein paar für Sie dabei", meint Gerd.

Olly und ich ändern also unsere Route und wir gehen zusammen rüber zum Marktplatz. Dort gibt es die neuesten Nachrichten aus den anderen Straßenzügen.

8:08

Als wir mit den frischen Brötchen zurückkommen sind Markus und Martin schon dabei, in der Küche einen frischen Mokka zu kochen. Der Duft des frischen Kaffees mischt sich mit dem Duft der frischen Brötchen.

Während die beiden den Tisch mit Marmelade und Honig decken, mach ich mich schnell frisch für den nächsten Tag im Krisenstab.

Die frischen Brötchen sind ein Gedicht. Wir genießen sie ganz langsam und gemütlich kauend. Ich gönne mir zu jeder Brötchenhälfte ein eigenes Tässchen italienischen Kaffees. Die Marmelade hat mir meine Freundin aus der Rhön zum Geburtstag geschickt und der Honig ist von der Imkerin aus dem Günnigfeld. Köstlich.

Jetzt noch ein Frühstücksei denke ich und ... Markus nimmt meine Hände und sagt „Meine Liebe, wo bist du schon wieder mit deinen Gedanken?“ Ich schaue ihn verdutzt an.

Ja, tatsächlich war ich mit meinen Gedanken schon wieder im Rathaus beim Krisenstab. „Der Bürgermeister hat heute gute Nachrichten für uns“, höre ich mich selber sagen.

„Na, wenn du da mal wieder Recht haben solltest, können wir alle bald die Weihnachtsbaumbeleuchtung aus dem Keller holen“ lacht Markus und stupst mich in die Seite.

„Du glaubst mir mal wieder nicht, dass ich auch im Dunkeln Hellsehen kann“, erwidere ich lachend.

„Im Übrigen, mein Lieber“, ich mache mich ganz groß und stelle mich mit gestreckten Rücken kerzengerade ganz dicht vor ihn hin und tippe ihm mit meinem Zeigefinger an seine linke Schulter: „Ich habe eine Magnumflasche edelsten Champagner gewonnen“, und lache dabei.

Dass es in unserer Region nie einen Stromausfall geben wird, der länger als 24 Stunden andauern würde, hatten wir damals, am Ende des Lockdowns, gewettet. „Oder bekomme ich für jeden Tag Stromausfall eine Flasche?“

Diese Frage bleibt erstmal unbeantwortet und landet bestimmt auf Markus’ To-do-Liste.

Wir nehmen uns in den Arm und sind uns einig, dass es jetzt das Wichtigste ist, diese Krise gemeinsam gut zu überstehen.

9:02

Im Rathaus geht es auf den Gängen heute etwas lebhafter zu als noch am Freitag. Das ist untypisch und es liegt etwas in der Luft.

Der Stadtdirektor heftet schnell noch zwei Zettel an die Tafel mit den sechsundzwanzig Bezirken. „Guten Morgen zusammen", begrüßt er die Teilnehmer des Krisenstabs, „wir beginnen mit der aktuelle Lage.

Die Berichte von den einzelnen Meldepunkten liegen noch nicht vollständig vor. Deshalb zuerst das Allgemeine:

Die Kraftstoffversorgung hat sich ein wenig verbessert. Heute früh sind zwei Tanklastzüge mit Diesel angekommen. Damit können wir gezielt einen Teil unserer kritischen Infrastruktur stärken, so können damit rund 100 Fahrzeuge betankt werden."

Martin klatscht langsam zweimal in die Hände und es startet ein richtig kräftiger Applaus. Das ist ein erstes Zeichen der Hoffnung.

„Die Versorgung mit Trinkwasser kann mit der Diesellieferung ebenfalls besser umgesetzt werden. Am Ende des Tages sind an allen 26 Feuerwehrmeldestellen Trinkwasserwagen bereitgestellt. Die Bürger können sich dort 2 l pro Person zapfen."

Die aktualisierte Bilanz am Samstag, dem Tag 10 „danach", sieht nach Eingang der letzten Meldungen von 10 Uhr so aus:

- 453 Tote aus der Schließung der 10 Krankenhäuser
- 13.124 Tote aus den 42 Senioreneinrichtungen
- 5.193 Tote aus Privathaushalten (davon 226 Kinder unter 5 Jahren)
- 321 Suizide im öffentlichen Raum
- 6 Kältetote unter den Obdachlosen
- Gesamtbilanz 19.097 Tote

Zusammenstellung Tage 8–10

		Tag 8	Tag 9	Tag 10	Maßnahmen	Umsetzung
1	Öffentliche Sicherheit	⇑	⇑	⇑	Bürgerschützen Nachtwachen	
2	Treibstoffversorgung	⊖	⊖	⇓		
3	Trinkwasserversorgung	⇔	⇓	⇓	Ausbauen	
4	Gesundheitsversorgung	⊖	⊖	⊖		
4/ 5	Seuchenintervention Noro	⊖	⊖	⊖	Lokaler Plan	
5	Müllentsorgung	⊖	⊖	⇓	Sammelstellen	
6	Seuchengefahr	⇔	⊖	⊖	Leichen, Infektionen	
7	Sterblichkeit	⇔	⊖	⊖	Steigend	

⇑ Grün ⇔ Gelb ⇓ Rot ⊖ Kritisch

Die Gesundheitsversorgung ist immer noch auf rot im kritischen Bereich.

In Westenfeld scheint die Norovirus-Ausbreitung weitestgehend gestoppt. Die Sperrung des Bezirks Westenfeld scheint zu greifen. Bisher gibt es nur drei neu gemeldete Fälle in Hamme und diese hatten direkten familiären Kontakt.

Für die Müllentsorgung haben sich Sammelstellen gut herumgesprochen. Die USB kann von dort aus die den Weitertransport zur Deponie veranlassen.

11:15

Sabrina Lohmeyer bekommt Besuch von Hebamme Ronja und ihrem Sohn Fin. Die Oma, eine freundliche Frau Ende fünfzig, öffnet die Tür. Hinter ihr tauchen die beiden großen Geschwister auf und nehmen Fin gleich mit ins Kinderzimmer.

Sabrina liegt im Schlafzimmer und hält den Kleinen im Arm. Der kleine Steffen junior ist heute vier Tage alt und entwickelt sich prächtig. Sabrina fühlt sich sehr schlapp und etwas fiebrig. Ihre linke Brust schmerzt, ist heiß und hart. Ronja tastet sie vorsichtig ab und stellt eine Mastitis, eine Brustentzündung, fest.

Einfach Quarkauflagen wäre jetzt eine prima Maßnahme. Doch gekühlter Quark ist nicht verfügbar. Also ist Ersatz gefragt. Feuchte kühlende Umschläge mit „Meine Base“ sind die Alternative – und unbedingt weiter stillen. Das kräftige Saugen des Babys wirkt besser als jede Milchpumpe, auch wenn es am Anfang etwas weh tut.

Ronja wird am Nachmittag noch mal nach den beiden schauen. Fin möchte am liebsten noch viel länger bleiben. Die Aussicht, am Nachmittag wieder herzukommen, ist für alle Kinder okay und sie freuen sich schon auf später.

12:24

Es klopft an der Tür des großen Sitzungssaals und eine Mitarbeiterin aus dem Büro des Bürgermeisters kommt mit eiligen Schritten herein – mit einem großen blauen Brief im DIN A4 Format wedelnd.

Der ganze Krisenstab schaut gebannt auf diesen sehr amtlich wirkenden Umschlag. Der Bürgermeister entdeckt sofort das große Logo der Landesregierung darauf. Handschriftlich prangt mit großen Buchstaben auf dem Kuvert:

An den

Oberbürgermeister

der Stadt Bochum

Er öffnet gespannt den Umschlag an der Seitenlasche und zieht ein handgeschriebenes Dokument heraus. Unten prangt ein Dienstsiegel mit Unterschrift.

Er traut seinen eigenen Augen nicht und liest vorsichtshalber den kurzen Text noch ein zweites Mal von vorne.

> *Sehr geehrter Herr Oberbürgermeister der Stadt Bochum,*
>
> *voraussichtlich kann ein Teil der Umspannwerke am Sonntag ab 15 Uhr für Bochum wieder ans Netz gehen.*
>
> *Bitte veranlassen Sie folgende Maßnahmen und zum Schutz aller öffentlich elektrisch betriebenen Geräte:*
>
> 1. *In den öffentlichen Gebäuden sind die Hauptsicherungen abzuschalten (zum Schutz der IT-Anlagen).*
> 2. *Alle Haushalte und Firmen sollen nach Möglichkeit die Netzstecker der Elektrogeräte ziehen.*
> 3. *Melden Sie per Kurier bis Sonntag 11 Uhr den aktuellen Stand der Umsetzung aus Ihrer Kommune auf dem beiliegenden Antwortformular.*
>
> *Es verbleibt mit freundlichen Grüßen*
>
> *Der Innenminister des Landes NRW*

Der Oberbürgermeister lässt das Schriftstück sinken. Er schaut in die Runde und man kann seinem Gesicht die Erleichterung über das nahende Ende noch nicht wirklich ansehen.

Die Anspannung, um die zusätzlichen Aufgaben zur Schadensbegrenzung zu bewältigen und fristgerecht umzusetzen, ist ihm dafür sehr deutlich anzumerken.

Er steht seit nunmehr 10 Tagen fast rund um die Uhr im Dauereinsatz für die Bochumerinnen und Bochumer. Erst wenn die Krise wirklich bewältigt sein wird und es wieder Tag und Nacht ausreichend Strom in Bochum geben wird, kann der Druck von seinen Schultern weichen. Bis dahin gilt es noch aufrecht zu bleiben und auf jeden Fall durchzuhalten.

14:38

Im Mehrparteienhaus am Südring, in dem Familie Kleinschmitdt wohnt, herrscht gerade eine angespannte Stimmung.

Maja hat eine leichte Migräne, wie immer, bevor sie ihre Tage bekommt. Und ist so richtig luurig[14]. Sie möchte am liebsten den ganzen Tag nur ihre Ruhe haben. Das Licht braucht sie diesmal nicht auszuschalten. Dummerweise gibt auch keine laute Musik aus dem Zimmer von Tom, über die sie jetzt so richtig maulen und laut meckern könnte.

Herrn Özcans sterbliche Überreste mussten von ganz oben nach ganz unten zum Hauseingang gebracht werden.

Alle Männer aus dem Haus müssen mit anpacken. Der Bestatter hat Herrn Özcan in den Leichensack gesteckt und den Reißverschluss zugezogen.

Davor wurde – wie im Krimi – eine Identifizierungsmarke sicher am großen Zeh angebracht. Eine zweite Marke ist am Reißverschluss mit einem Kabelbinder durch die beiden Reißverschlussösen befestigt und der Leichensack somit wie verplombt.

Das Heruntertragen gestaltet sich nicht so einfach. Einerseits wog Herr Özcan locker 85 Kilogramm, andererseits war er in einer sitzender Position verstorben und die Todesstarre hatte sich bei den niedrigen Temperaturen noch nicht wieder gelöst.

Deshalb haben sie eine pragmatische Lösung gefunden und eine Art **Sänfte** gebaut. Unter einen Holzstuhl wurden zwei kräftige Besenstiele unter der Sitzfläche mit Gewebeband befestigt. Dann haben sie gemeinsam den verpacken Leichnam drauf gesetzt und vorsichtig an der Rückenlehne und den Stuhlbeinen mit einer Wäscheleine fixiert.

Herr Symanski, der alte Herr Gleiber und sein Sohn Manfred sind zusammen mit Tom die „Sänftenträger". Tom und Manfred sind fast gleich groß, haben sich unter den Stiel ein Kissen auf die Schulter gelegt und gehen langsam vorwärts – Stufe für Stufe – die Treppe runter. Die beiden älteren Herren halten jeweils einen Stiel in ihren Handen. Sie haben sich vorsichtshalber Arbeitshandschuhe von der Gartenarbeit angezogen, damit sie mehr Halt haben.

Frau Symanski überwacht den Transport und sagt den Männern an, wie viele Stufen es noch bis zum nächsten Absatz sind. Unten angekommen, legen sie vorsichtig den Leichnam seitlich auf den Handwagen des Bestatters.

[14] Borbecksch Platt für trübsinnig, niedergeschlagen

In der Zwischenzeit hat sie ein Tablett mit sechs Kurzen vorbereitet. Für Tom gibt es nur ein halbvolles Schnapsglas. Sie bleiben noch einen Moment zusammen vor der Haustür stehen und verneigen sich vor dem toten Herrn Özcan. Gemeinsam stoßen sie im Gedenken auf ihn an.

Ein ordentlichen Begräbnis wird es wohl für ihn nicht geben, genauso wenig wie für die vielen anderen Toten dieser Woche.

Der Bestatter bedankt sich für ihre Unterstützung, alleine hätte er den Leichnam kaum würdevoll durch das Treppenhaus bugsieren können. Fast lautlos zieht er seinen Handwagen mit den dicken Gummireifen hinter sich her die Straße herunter.

Tom hat sich zuerst im Bad die Klamotten ausgezogen. Die Hände und sein Gesicht mit etwas kaltem Wasser und Seife gewaschen und seinen Jogginganzug angezogen.

Mit Schwung schmeißt er sich auf das Sofa und starrt an die Decke. Zwei Tote in einer Woche – und das, wo er nie zuvor etwas mit dem Thema Tod zu tun hatte. Von seinen e-Games mal abgesehen, er liebt Ballerspiele. Dass er mal 10 Tage ohne Games und ohne Zocken überleben würde, völlig undenkbar.

Der Tod von Hannah letzten Samstag war für Tom schon schwer zu verkraften. Sie ist zwei Klassen unter ihm auf dem Gymnasium und die anderen wissen noch gar nicht, das Hannah nie wieder kommen wird. Und jetzt auch noch das Abenteuer als Leichenträger im eigenen Haus. Das ist kein Job für ihn, dessen ist sich Tom jetzt ziemlich sicher.

15:25

Ronja ist mit Fin zum zweiten Hausbesuch an diesem Tag bei Sabrina Lohmeyer angekommen.

Fin ist mit den beiden großen Geschwisterkindern sofort wieder im Kinderzimmer verschwunden. Beim Spielen merkt Fin fast überhaupt nicht mehr, dass seine Hand noch verletzt ist und erst langsam wieder heilt. Der Verband mit der weichen Kompresse bietet ein guten Schutz vor Belastung und Infektion.

Sabrina scheint es etwas besser zu gehen. Das Fieber ist zum Abend glücklicherweise nicht angestiegen und bei 37,8 °C als leicht erhöhte Temperatur stehen geblieben. Die kühlenden Umschläge mit „Meine

Base" und zusätzlich der Gabe von Bellis perennis, dem Gänseblümchen, haben die Entzündung etwas herausgenommen.

Ronja und Sabrina sind gleichermaßen erleichtert und sich sicher, dass sie gut über die Nacht kommen wird.

15:55

Die Vorbereitungsarbeiten durch den Krisenstab sind fast abgeschlossen. Für die Lautsprecherdurchsagen auf den Marktplätzen ist ein kurzer Text vorbereitet worden.

Der Oberbürgermeister wird in seiner kurze Ansprache vorsichtig die Vorankündigung anklingen lassen.

„Liebe Bochumerinnen und Bochumer, wir haben den Tag 10 ohne Strom erreicht. Bisher ist es in unserer Stadt verhältnismäßig ruhig geblieben. Gemeinsam haben wir den Gipfel der Krise hoffentlich erreicht. Der Krisenstab zieht heute eine positive Bilanz bei der Notversorgung mit Wasser und Lebensmitteln in den einzelnen Stadtteilen.

Der lebendige Zusammenhalt in unseren Vereinen und Verbänden sowie in der unmittelbaren Nachbarschaft hat dazu beigetragen, positiv Grenzen zu verschieben.

Die Einsatzkräfte von Feuerwehr, Polizei und Hilfsorganisationen sind von Ihnen, den Bürgerinnen und Bürgern von Bochum, nach Möglichkeit unterstützt worden.

Für das Engagement von jeder und jedem Einzelnen von Ihnen bedanke ich mich schon jetzt an dieser Stelle. Wir alle zusammen sind Bochum."

Es folgt noch eine allgemeine Ankündigung:

„Bitte ziehen Sie unbedingt alle Stecker Ihrer Elektrogeräte aus den Steckdosen. Dies dient zum Schutz Ihrer Elektrogeräte, falls der Strom unverhofft wieder zurückkommen sollte. Überspannungsspitzen könnten Ihre Elektrogeräte beschädigen oder gar zerstören."

Nach 10 Tagen glauben die meisten Menschen das nicht wirklich. Aber vorbereitet sein und einem noch größeren Schaden vorzubeugen, das möchte doch jeder, der jetzt zuhause ist.

Die Meldeketten stehen auch rückwärts zu den Polizei- und Feuerwachen und Feuerwehrmeldestellen auf den Marktplätzen zur Verfügung. Auch diese wichtige, zusätzliche Arbeit ist fast geschafft – und das pünktlich zu 16 Uhr.

Die Vorankündigung, dass der Strom zumindest teilweise wieder nach Bochum zurückkommen könnte, verbreitet sich von Mund zu Mund wie ein Lauffeuer. Und mit der Nachtwachenrunde der Bürgerschützen kommt sie so auch fast in jeden Haushalt.

Vielleicht nur noch eine kalte Nacht überstehen zu müssen reicht bei dem einen oder anderen für einen vorsichtigen Hoffnungsschimmer.

„Warten wir's mal ab, ob dat wirklich so kommt", denkt Markus Friedrich, als alter, erfahrener Elektromeister bleibt er eher skeptisch. Schließlich hat er in den letzten Jahrzehnten sprichwörtlich schon oft *Die Pferde vor der Apotheke kotzen sehen!*

18:09

Markus, Martin und ich haben uns wieder vor unserem Kamin mit einem Glas Wein im Wohnzimmer eingefunden. Diesmal gibt es einen Grauburgunder, Salzstangen und eine kleine Dose schwarze Oliven – der Parmesan ist leider alle.

Olly liegt satt und zufrieden auf dem Teppich zu Martins Füßen und lässt sich ausgiebig kraulen. Wie gut, dass wir einen Jahresvorrat an Hundefutter angelegt haben. So mussten wir uns um Olly keine Sorgen machen und er wird weiter gut satt werden.

Ich habe mich an Markus angelehnt und genieße die wohlige Nähe, die uns verbindet. Es tut so gut zu spüren, wie die positive Energie der Liebe uns beide durchströmt.

Martin und Markus beginnen zu diskutieren, welche Folgen noch hinterher kommen können, wenn der Strom wieder aufgeschaltet wird.

Bisher haben wir uns alle von Tag zu Tag gehangelt und versucht, möglichst viele Menschenleben zu retten.

Markus als Ökonom hat eine klare Vorstellung dazu entwickelt, was unseren lokalen Handel, das Handwerk und die ortsansässigen Betriebe anbelangt.

Wir stoßen mit dem Wein in unseren Gläser an und genießen das Hier und Jetzt an diesem besonderen Samstagabend vor dem flackernden und wärmenden Kaminfeuer.

„So jung kommen wir nie wieder zusammen" – sagt Markus und setzt zu einer kleinen, für ihn typischen, eloquenten Rede an.

Der lange Stromausfall von zehn Tagen hat uns alle plötzlich aus unseren Komfortzonen herausgeholt. Es sind extrem viele neuen Erfahrungen über uns hereingebrochen. An vielen Stellen konnte glücklicherweise auf altes Wissen und zum Teil historische Hilfsmittel zurückgegriffen werden.

Gesundheitliche und medizinische Herausforderungen haben uns an unsere Grenzen und darüber hinaus geführt.

Der Blackout hat uns gezeigt, wie wir als Gemeinschaft leben und überleben können.

Fast jeder hat in den letzten Tagen einen oder mehrere Menschen aus seiner eigenen Familie, seinem engeren Freundes- oder Bekanntenkreis oder von den Arbeitskollegen gehen lassen müssen. Viele erahnen das Ausmaß davon noch nicht.

Das alles zu verarbeiten, die Trauer und die Lücken, die entstanden sind, wird noch ein hartes Stück Arbeit werden. Zugleich ist sehr viel an Menschlichkeit und Zusammenhalt gewachsen, in der unmittelbaren Nachbarschaft, im Viertel und in der ganzen Stadt Bochum.

Gemeinsam ist so viel mehr möglich geworden, als wir uns das vor dem Stromausfall jemals hätten vorstellen können und es jemals für möglich gehalten hätten.

Doch davon mehr, wenn wirklich alles vorbei ist.

Der Sonntag kann kommen:

Fiat lux – es werde Licht ... und es ward Licht.

Über die Autorin

Doctora ist eine gestandene Frau mit viel Lebenserfahrung – und dazu Ärztin aus Leidenschaft.

Auf dem Weg zur Fachärztin für Allgemeinmedizin hat sie breitgefächert in acht Fachgebieten inklusive Notarzttätigkeit in Deutschland sowie Traumatologie und Geburtshilfe in Lateinamerika gearbeitet.

In der Komplementärmedizin, der Naturheilkunde und der Homöopathie ist sie genau so sicher unterwegs wie in der universitären Medizin.

Viele der hier beschriebenen praktischen Tipps und Tricks stammen aus der praktischen Erprobung der medizinischen Versorgung mit extrem limitierten Ressourcen.